さ

項目	ページ
在籍出向	16
３６協定	100
産前産後休業	108
時間外・休日労働に関する協定	100
時間外労働	104
時季指定権	106
時季変更権	106
指揮命令	10
事前面接	26
社会保険	126
就業規則	112
就業条件	62
出産育児一時金	128
出産手当金	128
障害（補償）給付	132
紹介予定派遣	192
上限制手数料	182
傷病手当金	128
賞与	124
常用雇用	(バーコードで不明)
職業紹介	(バーコードで不明)
職業紹介事業	20、168
職業紹介事業許可有効期間更新申請書	188
職業紹介責任者	172
人材派遣	10
人材派遣業	12
深夜労働	104
製造業務専門派遣先責任者	74
製造業務専門派遣元責任者	68
生理休暇	108
セクハラ	116
絶対的必要記載事項	112
絶対的明示事項	60
全額払いの原則	122
専門的２６業務	38
相対的必要記載事項	112
相対的明示事項	60

た

項目	ページ
対価型セクハラ	116
退職金	124
直接払いの原則	122
賃金支払いの５原則	122
通貨払いの原則	122
抵触日通知書	79
手数料管理簿	184
特殊健康診断	114
特定労働者派遣事業	12、156
特定労働者派遣事業計画書	157
特定労働者派遣事業届出書	156
届出制手数料	182
届出制手数料届出書	176、182

うしろの表紙ウラに続きます。

図解でハッキリわかる 人材派遣の実務

派遣元、派遣先の実務がスムーズにこなせるようになる本！

社会保険労務士
佐藤 広一

人材派遣のしくみから届出・手続きのしかたまで
これ1冊あればOK！

- 労働者派遣契約のしくみ、一般労働者派遣事業と特定労働者派遣事業
- 法律で禁止されている業務、事前面接等・専ら派遣・二重派遣の禁止
- 派遣受入期間の制限、専門的26業務とは、労働者派遣契約の結び方
- 労働条件・就業条件の明示、管理台帳の作成と責任者の選任のしかた
- 労働者派遣法とは、労働契約のしくみ、労働時間・休憩・休日のルール
- 派遣事業を始めるときの許可の受け方・届出のしかた、申請書の作成
- 有料職業紹介事業を始めるときの届出・手続き、紹介予定派遣の活用

日本実業出版社

　「ハケン」という就業形態は、雇用の多様化・流動化を背景に、パートタイマーや契約社員などと同様に非正規社員という位置づけで広く根づいてきています。

　そもそも、労働者派遣事業は全面的に禁止されていたのですが、昭和61年に制定された労働者派遣法によって解禁され、度重なる法改正を経て、現在では一定の禁止業務を除いて原則として自由化されています。

　しかし、こうした規制緩和の代償として、偽装請負、偽装出向、日雇い派遣をめぐるトラブルなど、多くの社会的問題が露呈しています。行政は、これらの規制緩和政策の歪みを是正するために取締りを強化しており、摘発される企業の件数も増加傾向にあります。とりわけ、派遣先はあまり詳しい知識がないまま、派遣労働者を受け入れてしまっている例が散見されますので要注意です。

　本書は、労働者派遣事業を開始・運営している派遣元会社、派遣労働者を受け入れている派遣先会社のために、難解とされる労働者派遣事業のしくみを、図解を用いてわかりやすく解説したものです。また、実務にすぐ役立つよう実際に使用する書式も多く織り込んでいます。

　本書の執筆にあたっては、以下の点に配慮いたしました。
①知りたいことがすぐ引ける検索性を重視しました。
②原則として1つの項目につき「見開き2ページ」としました。
③ビジュアルから理解できるよう図表・書式を多く用いました。
④正社員採用を前提とした派遣形態である「紹介予定派遣」を行なうことを意識して、職業紹介事業のしくみについても言及しました。

　本書を活用して、派遣元・派遣先の双方がともに約束事をシッカリ理解することで、ますます重要視される労働者派遣上のコンプライアンスの必要性を少しでも認識していただけたら、著者としてこれに勝る喜びはありません。

　　2008年6月　　　　　　　特定社会保険労務士　佐藤　広一

本書の内容は、2008年6月20日現在の法令等にもとづいています。

図解でハッキリわかる
人材派遣の実務

表紙ウラのさくいんも活用してネ

1章 「人材派遣」とはそもそもどんな雇用形態か

❶ 人材派遣活用のメリット・デメリット …………………………10
❷ 労働者派遣事業とはどんな雇用形態か …………………………12
　●労働者派遣事業のしくみ　13
❸ 請負事業のしくみと偽装請負の問題点 …………………………14
❹ 労働者供給事業のしくみと在籍出向 ……………………………16
❺ 日雇い派遣と労働者の保護 ………………………………………18
　●「日雇派遣指針」の概要　19
❻ 職業紹介事業のしくみと事業の種類 ……………………………20
　COLUMN　労働者派遣法施行規則の改正　22

2章 こんな労働者派遣事業はやってはいけない

❶ 法律で禁止されている派遣業務 …………………………………24
❷ 事前面接や履歴書の事前送付はやってはいけない ………………26
❸ 「専ら派遣」は禁止されている ……………………………………28
❹ 「二重派遣」は禁止されている ……………………………………30
❺ 労働法に違反したときの行政処分・勧告・罰金 …………………32
　　●労働者派遣法に違反した場合の罰則一覧　33
　　COLUMN　派遣元・派遣先における労働基準法の適用　34

3章 派遣を開始するとき・終了するときの実務知識

❶ 派遣受入期間の制限がある業務 ……………………………………36
　　●業務別の派遣受入期間　37
　　◎「意見聴取書」のモデル例　37
❷ 派遣受入期間の制限がない業務 ……………………………………38
　　●「専門的26業務」の一覧　39
❸ 派遣元と派遣先で交わす労働者派遣契約 …………………………40
　　●労働者派遣契約のしくみ　41
❹ 労働者派遣基本契約書のつくり方と記載事項 ……………………42
　　◎「労働者派遣基本契約書」のモデル例　44
❺ 労働者派遣個別契約書のつくり方と記載事項 ……………………56
　　◎「労働者派遣個別契約書」のモデル例　58
❻ 派遣労働者に対する労働条件の明示 ………………………………60
　　●明示すべき労働条件　61

- ⑦ 派遣労働者に対する就業条件の明示 …………………………62
  - ●明示すべき就業条件　63
  - ◎「就業条件明示書（兼）雇用契約書」のモデル例　64
- ⑧ 海外への労働者派遣の取扱い …………………………………66
  - ●派遣先が講ずべき措置として定めるべき事項　67
- ⑨ 派遣開始の際に必要な派遣元責任者の選任 …………………68
  - ●「派遣元責任者」の職務と人数　69
- ⑩ 派遣元管理台帳の作成と記載事項 ……………………………70
  - ◎「派遣元管理台帳」のモデル例　71
- ⑪ 派遣開始の際の派遣元から派遣先への通知 …………………72
  - ◎「派遣労働者通知書」のモデル例　73
- ⑫ 派遣開始の際に必要な派遣先責任者の選任 …………………74
  - ●「派遣先責任者」の職務と人数　75
- ⑬ 派遣先管理台帳の作成と記載事項 ……………………………76
  - ◎「派遣先管理台帳」のモデル例　77
- ⑭ 派遣開始の際の派遣先から派遣元への通知 …………………78
  - ◎「抵触日通知書」のモデル例　79
- ⑮ トラブル等の苦情への対応のしかた …………………………80
  - ●労働者派遣法の苦情処理に関する規定　81
- ⑯ 派遣契約と労働契約の更新のしかた …………………………82
- ⑰ 派遣契約の中途解除は可能か …………………………………84
  - ●派遣先の都合による派遣契約の解除　85
- ⑱ 派遣労働者の解雇は可能か ……………………………………86
  - ●派遣労働者の解雇に関する規定　87
- ⑲ 派遣労働者の雇用努力義務とは ………………………………88
- ⑳ 雇用の申込み義務が適用になる場合 …………………………90
  - COLUMN　派遣元責任者の選任要件　92

4章 労働者派遣に関係してくる労働法の規定

- ❶ 人材派遣をつかさどる法律は「労働者派遣法」……………………94
- ❷ 派遣元と派遣先で適用を受ける労働法 ………………………………96
- ❸ 労働法に規定する労働契約 ……………………………………………98
- ❹ 労働法に規定する労働時間・休憩・休日 ……………………………100
- ❺ 労働法に規定する変形労働時間制 ……………………………………102
- ❻ 労働法に規定する時間外労働・休日労働・深夜労働 ………………104
  - ●割増賃金の割合と運用のしくみ　105
- ❼ 労働法に規定する年次有給休暇 ………………………………………106
  - ●年次有給休暇の付与日数と運用のしくみ　107
- ❽ 労働法に規定する産前産後休業・育児時間 …………………………108
- ❾ 労働法に規定する育児休業・介護休業 ………………………………110
- ❿ 労働法に規定する就業規則 ……………………………………………112
  - ●就業規則の役割と記載事項　113
- ⓫ 労働法に規定する健康診断 ……………………………………………114
- ⓬ 労働法に規定するセクハラ防止 ………………………………………116
- ⓭ 派遣労働者が労働災害にあったら ……………………………………118
  - ●労働災害の発生と派遣元・派遣先の責任　119
- **COLUMN**　「はけんけんぽ」とは　120

5章 派遣労働者に対する給与・社会保険の取扱いと事務手続き

❶ 派遣労働者への給与の支払い方法 …………………………………122
　●賃金支払いの5原則とは　123
❷ 派遣労働者への賞与と退職金の支払い ……………………………124
❸ 派遣労働者に適用される社会保険 …………………………………126
　●社会保険制度の体系　127
❹ 派遣労働者に適用される医療保険制度 ……………………………128
　●健康保険の給付のパターン　129
❺ 派遣労働者に適用される公的年金制度 ……………………………130
❻ 派遣労働者と労災保険の適用 ………………………………………132
　●労災保険の給付の種類　133
❼ 派遣労働者と雇用保険の適用 ………………………………………134
❽ 日雇い派遣労働者と健康保険・雇用保険の適用 …………………136
　　COLUMN　アウトプレースメントの活用　138

6章 派遣事業を始めるときの許可の受け方・届出のしかた

❶ 労働者派遣事業の始め方と欠格事由 ………………………………140
　●労働者派遣事業を始める手続きの流れ　141
❷ 一般労働者派遣事業の許可申請のしかた …………………………142
❸ 一般労働者派遣事業許可申請書の作成のしかた …………………144
　●一般労働者派遣事業の許可申請に必要となる書類　145
　◎「一般労働者派遣事業許可申請書」の記載例　146

❹ 一般労働者派遣事業計画書の作成のしかた……………………148
　◎「一般労働者派遣事業計画書」の記載例　150
　◎役員の「履歴書」のモデル例　152
　◎派遣元責任者の「履歴書」のモデル例　153

❺ 個人情報に関して適正な管理が要求される……………………154
　◎「個人情報適正管理規程」のモデル例　155

❻ 特定労働者派遣事業の届出のしかた……………………………156
　◎「特定労働者派遣事業届出書」の記載例　158

❼ 事業開始後の労働者派遣事業報告書の提出……………………160
　●「労働者派遣事業報告書」の届出期間と書式の内容　161
　◎「労働者派遣事業報告書」の記載例　162

❽ 一般労働者派遣事業の許可更新のしかた………………………164
　◎「一般労働者派遣事業許可有効期間更新申請書」の記載例　165

7章　有料職業紹介事業を始めるときの許可の受け方・届出のしかた

❶ 職業紹介事業にはどんな種類があるか…………………………168
❷ 有料職業紹介事業の許可基準……………………………………170
❸ 職業紹介責任者の選任とその要件………………………………172
❹ 有料職業紹介事業の許可申請手続き……………………………174
　●有料職業紹介事業許可までの流れ　175
❺ 有料職業紹介事業許可申請書の作成のしかた…………………176
　◎「有料職業紹介事業許可申請書」の記載例　177
　◎「有料職業紹介事業計画書」の記載例　179
　◎「業務の運営に関する規程」のモデル例　180
❻ 届出制手数料と上限制手数料の選択……………………………182
　◎「届出制手数料届出書」の記載例　183

❼ 求人求職管理簿と手数料管理簿の作成……………………………184
　◎「求人求職管理簿」の記載例　185
　◎「手数料管理簿」の記載例　185
❽ 有料職業紹介事業報告書の作成のしかた…………………………186
　◎「有料職業紹介事業報告書」の記載例　187
❾ 許可有効期間の更新申請のしかた…………………………………188
　●有料職業紹介事業の場合の申請書の提出と添付書類　188
　◎「有料職業紹介事業許可有効期間更新申請書」の記載例　189

8章 正社員採用につながる「紹介予定派遣」の活用のしかた

❶ 紹介予定派遣の内容と活用メリット………………………………192
❷ 紹介予定派遣を活用するときのルール……………………………194
❸ 紹介予定派遣を行なう際の留意事項………………………………196
　●紹介予定派遣が可能となる条件　197
　　COLUMN　問題山積の「日雇い派遣」　198

この本をつくった人たち

カバーデザイン●春日井恵実（イーサイバー）
本文DTP＆図版・イラスト●伊藤加寿美（一企画）

1章

「人材派遣」とはそもそもどんな雇用形態か

人材派遣のしくみについて理解しておきましょう。

Section 1-1 人材派遣活用のメリット・デメリット

★業務効率や生産性を上げられるというメリットがあります。

人材派遣活用のメリット

「**人材派遣**」を端的にいうと、人材派遣会社（**派遣元**）と雇用関係にある派遣労働者を、派遣される会社（**派遣先**）に就業させることをいいます。その場合、派遣先は、派遣労働者に対し仕事の指示（**指揮命令**）を行ない、給与の支払いや社会保険の手続き等は、派遣元が行なうことになります。

人材派遣という雇用形態を採用することで、派遣先会社は、①**必要なときに**、②**必要な期間**、③**必要な人材**をタイムリーに受け入れることが可能となり、業務効率や生産性を上げるメリットがあります。

また、**労務コストの軽減**という側面からも、そのメリットは小さくありません。たとえば、スタッフの募集・採用や雇入れ後の教育訓練、あるいは派遣労働者の給与の支払い手続き、社会保険料の負担などはすべて派遣元が行ないますので、派遣先企業としては煩わしい雑務から解放されるとともにコストセーブが期待できます。

人材派遣活用のデメリット

逆に、デメリットとしては、自前の社員ではないため会社に対する忠誠心が希薄で、チームワークで成果を出すような社風の派遣先企業では馴染みにくい場合がある、ということがあげられます。

また、派遣労働者は原則として決められた仕事だけに従事することとなるため、ちょっとした頼みごとがしづらく、正規社員との意思疎通がスムーズにいかないケースもあります。さらにいうと、社内機密や情報が外部に漏れてしまうリスクもないわけではありません。

したがって、人材派遣を活用する際には、労務コストと外部スタッフの活用リスクのバランスを考慮する必要があるといえます。

◎派遣先会社からみたメリットとデメリット◎

メリット

● 業務効率、生産性のアップ

必要なときに
- 繁忙期だけ人材が必要
- プロジェクトの遂行時だけ人材が必要
- 突然の退職者が生じた際の欠員補充

必要な期間
- 1日だけ人材が必要
- プロジェクトの期間だけ必要
- 育児休業中の社員が復帰するまでの代替要員

必要な人材を
- スペシャリスト
- 一定のスキルをもった人材
- 接客マナーが行き届いた人材

● 労務コストの軽減
- 募集・採用コストの軽減
- 教育訓練コストの軽減
- 社会保険料等の福利厚生費の軽減
- 賞与、退職金等の軽減

デメリット
- 会社に対する忠誠心が希薄
- 決まった仕事ばかりに従事
- 正社員との意思疎通が困難
- 社内機密の漏えいのおそれ

Section 1-2 労働者派遣事業とはどんな雇用形態か

★一般労働者派遣事業と特定労働者派遣事業に大きく分けられます。

労働者派遣事業とは

「**労働者派遣事業**」とは、派遣元会社が雇用している派遣労働者を、実際に仕事に従事する派遣先会社に派遣する雇用形態をいいます。ここでの最も大きなポイントは、派遣先会社が派遣労働者に対して、指揮命令を行なうことにあります。派遣労働者からすると、雇用されている会社（派遣元）とは異なる会社（派遣先）の指揮命令を受けながら、派遣先会社のために仕事に従事することになります。

この労働者派遣事業は、「**一般労働者派遣事業**」と「**特定労働者派遣事業**」の2種類に大別されます。

一般労働者派遣事業とは

下記の「特定労働者派遣事業」以外の労働者派遣事業を「一般労働者派遣事業」といい、一般に広く人材派遣として知られている、いわゆる登録型派遣や日雇労働者派遣が該当します。一般に「**人材派遣業**」と呼ばれているのは、この一般労働者派遣事業です。

一般労働者派遣事業を行なうためには、厚生労働大臣の許可を得なければなりません。

特定労働者派遣事業とは

常用雇用労働者だけを労働者派遣の対象として行なう労働者派遣事業を「特定労働者派遣事業」といいます。たとえば、ソフトウェアの開発業のように自社の社員として雇い入れたエンジニアを、クライアント先に派遣するようなケースです。ここでいう、「**常用雇用労働者**」とは、①期間の定めなく雇用されている労働者、②過去1年を超える期間について引き続き雇用されている労働者、③採用時から1年を超えて引き続き雇用されると見込まれる労働者をさします。

特定労働者派遣事業を行なうには、厚生労働大臣に届出を行なわなければなりません。

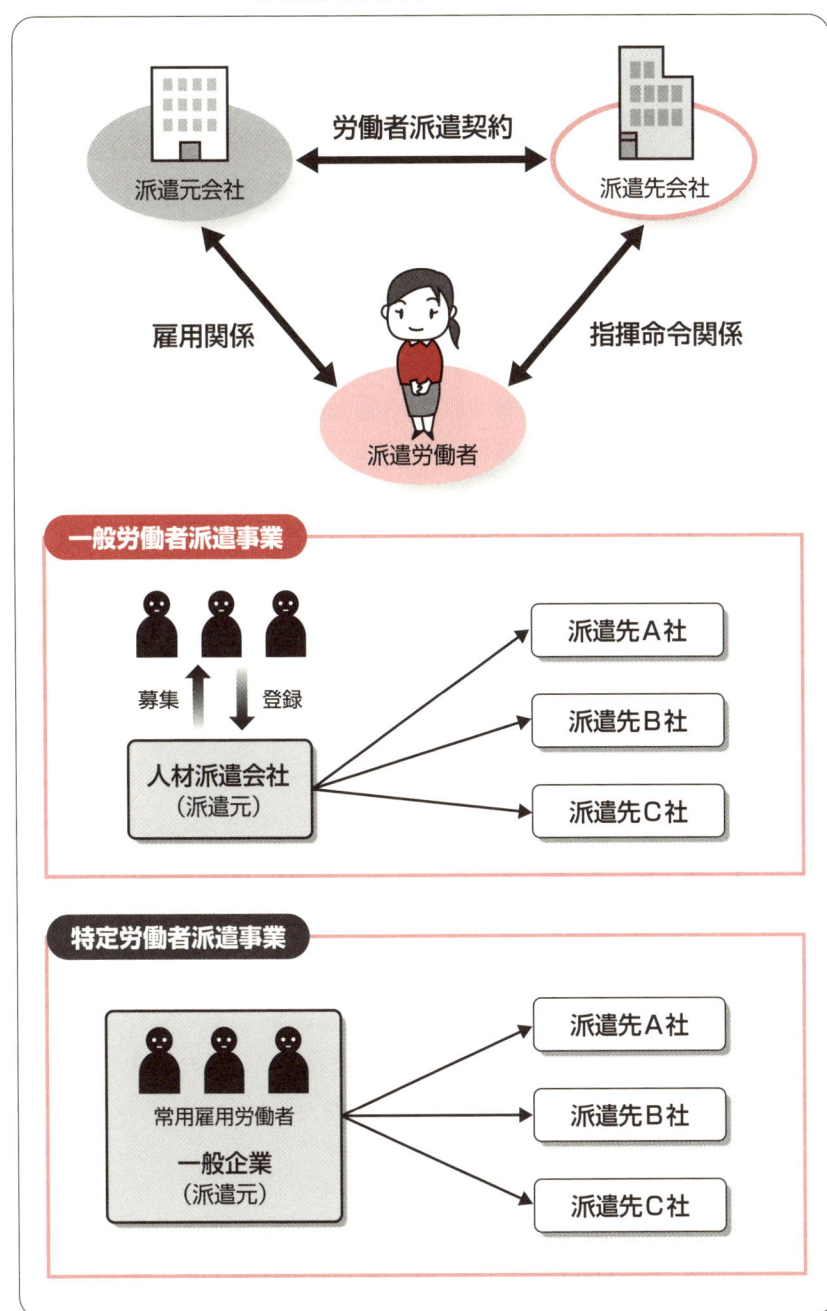

Section 1-3 請負事業のしくみと偽装請負の問題点

★注文主と労働者との間に指揮命令関係があるかどうかで異なります。

請負のしくみ

「請負」とは、当事者の一方がある仕事を完成させることを約束し、相手側がその仕事の結果に対して報酬を支払うことをいいます（民法632条）。

たとえば、大工さんに屋根の修繕を依頼した場合、それが完成して引き渡すことに対して報酬を支払うことを約束することが「請負契約」です。つまり、労働した時間について報酬を支払うのではなく、屋根の修繕工事の完成そのものについて報酬が発生することになります。

この請負事業と労働者派遣事業との最大のちがいは、注文主と労働者との間における指揮命令関係の有無です。指揮命令関係がなければ請負事業、関係があれば労働者派遣事業ということになります。

偽装請負への取締りは厳しくなっている

昨今では、労働法の適用や社会保険料負担などを逃れるために、契約上は請負という形態をとりつつも実態は労働者派遣事業である、いわゆる「偽装請負」が大きな社会問題となっています。

偽装請負は、製造業やＩＴ業界などの特定の業種を中心に慣例化しており、労働者の安全に対する責任の所在が曖昧となっています。こうしたことから、偽装請負に対する行政の取締りはますます厳しくなっています。

請負の形態をとりながらも注文主が指揮命令をしているような場合は、「どの会社もやっている」といった旧来の慣例が通用しない時代となったことを自覚しなければなりません。自社の労働者として直接雇用するか、労働者派遣事業として契約をしなおすか、のいずれかの対策を早期に講じる必要があります。

こうした請負と派遣の判断基準について、厚生労働省では、「労働者派遣事業と請負により行われる事業との区分に関する基準」（昭和61年労働省告示37号）という通達を出しています。判断に迷うときは、チェックしてみるとよいでしょう。

◎請負事業と偽装請負のちがい◎

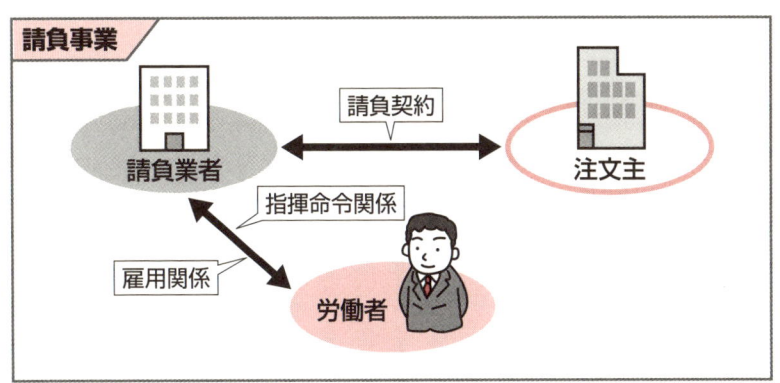

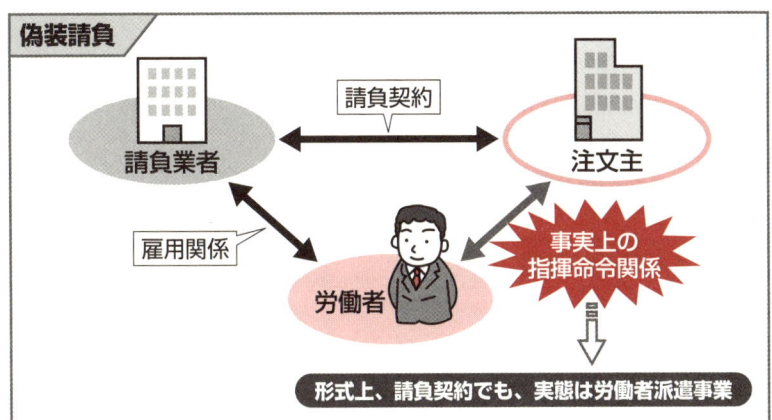

形式上、請負契約でも、実態は労働者派遣事業

請負と派遣の判断基準

- 業務遂行方法に関する指示を行なっているか？
- 労働者の労働時間等に関する指示を行なっているか？
- 企業秩序の維持・確保等に関する指示を行なっているか？
- 業務に必要な資金を自らの責任において調達・支弁しているか？
- 業務について民法・商法その他の法律に規定された事業主責任は果たしているか？
- 単なる肉体的な労働力の提供ではないか？

⇩

すべて該当すれば適正な「請負」

Section 1-4 労働者供給事業のしくみと在籍出向

★労働者供給事業は原則として禁止されています。

労働者供給事業が認められる場合

「**労働者供給事業**」とは、「供給契約に基づいて労働者を他人の指揮命令を受けて労働に従事させること」と定義されています（職業安定法5条）。

労働者派遣事業と労働者供給事業は混同されがちですが、労働者供給事業の特徴は、供給元（派遣元）と労働者との間に支配関係があること、もしくは、供給先（派遣先）と労働者との間に雇用関係があることです。

しかし、労働者供給事業は、労働者が不当に拘束されたり、賃金をピンハネされたり、職業選択の自由を侵されてしまう、といった危険性を有しているため、労働組合が厚生労働大臣の許可を得て無料で行なう場合を除いて全面的に禁止されています。

在籍出向のしくみと偽装出向

労働者供給事業に似たような形態として「**在籍出向**」というものがあります。在籍出向とは、出向元との雇用関係を維持しながら、出向契約を結んでいる別の会社で労働者を勤務させることをいいます。在籍出向が行なわれる背景には、①雇用機会の確保、②経営・技術指導、③職業能力開発、④企業グループ内の人事交流などがあり、おもに大企業を中心に行なわれています。

この在籍出向と労働者供給事業との相違点は、報酬の支払いの有無にあります。在籍出向は、原則として無償か賃金相当額の支払いにとどまるのに対して、労働者供給事業は本来、業として報酬を得ることが目的とされています。

昨今では、「偽装請負」のみならず「**偽装出向**」という形態まで出現しています。派遣元の社員を派遣先に「出向」させ、労働者派遣事業の形式を逃れようとするものです。これは、業として報酬を得ることを目的としている点で、在籍出向とは異なり、禁止されている労働者供給事業にあたり、職業安定法違反となります。

◎労働者供給事業のしくみと類似雇用形態◎

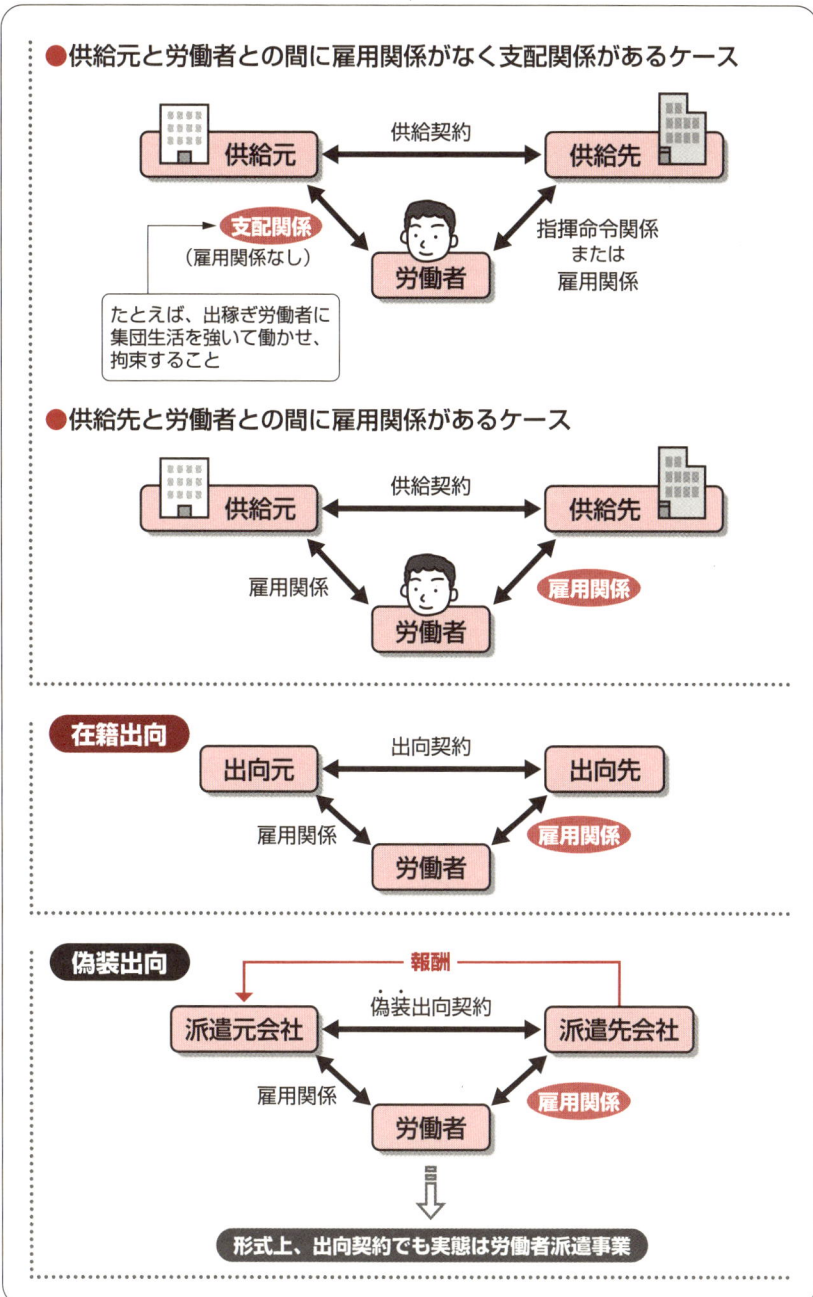

Section 1-5 日雇い派遣と労働者の保護

★日雇い派遣は、現代版の日雇い労働といってよいものです。

日雇い派遣の雇用形態とその実態

　人材派遣会社が就労先へ派遣労働者を1日だけの契約で派遣することを俗に「日雇い派遣」（スポット派遣）といい、近年こうした雇用形態によって就労する派遣労働者が増えています。

　日雇い派遣は、携帯電話や電子メール等で派遣会社から指示を受け、直接、派遣先に出向いて就労する"現代版の日雇い労働"です。若年層を中心に広く浸透しているといわれており、一般に低い賃金や劣悪な労働条件によって就労し、通勤手当が支給されなかったり、業務の繁閑によって仕事が毎日保障されているとは限らず、不要となればいつでも契約を終了されてしまう不安定な雇用実態であるともいわれています。

派遣労働者は日雇派遣指針で保護される

　こうした日雇い派遣で働く派遣労働者の保護を図るため、平成20年4月1日より「日雇派遣指針」（平成20年厚生労働省告示36号）が示され、それと同時に、労働者派遣法施行規則の改正が行なわれました。

　日雇派遣指針では、対象となる日雇派遣労働者の範囲を、「日々または30日以内の期間を定めて派遣元事業主に雇用される者」とするとともに、日雇派遣労働者を雇用する派遣元事業主、日雇派遣労働者に指揮命令する派遣先が講ずべき措置を定めたものとなっています。

　一方、労働者派遣法施行規則の改正では、次のような事項が追加・変更されています。
①年1回、労働局に提出する事業報告書における日雇派遣労働者の数等の報告の義務化
②労働者派遣が1日を超えない場合における派遣先責任者の選任の義務化
③労働者派遣が1日を超えない場合における派遣先管理台帳の作成の義務化、その他、派遣先管理台帳の記載に関する事項など

◎「日雇派遣指針」の概要◎

1 趣旨
- 日雇派遣労働者（日々または30日以内の期間を定めて雇用される者）について、派遣元事業主および派遣先が講ずべき措置を定めたものである。

2 日雇派遣労働者の雇用の安定を図るために必要な措置
- 派遣元事業主および派遣先は、事前に就業条件を確認する。
- 労働者派遣契約、雇用契約の期間を長期化する。
- 労働者派遣契約の解除の際に、就業のあっせんや損害賠償等の適切な措置を図る。

3 労働者派遣契約に定める就業条件の確保
- 派遣先の巡回、就業状況の報告等により労働者派遣契約に定められた就業条件を確保する。

4 労働・社会保険の適用の促進
- 派遣元事業主は、労働・社会保険（日雇いに関する保険を含む）の手続きを適切に行なう。
- 派遣元事業主は、派遣先に対し労働・社会保険の適用状況を通知し、派遣先と日雇派遣労働者に未加入の場合の理由の通知を行なう。

5 日雇派遣労働者に対する就業条件等の明示
- 労働基準法に定められた労働条件の明示を確実に行なう。
- 労働者派遣法に定められた就業条件の明示を、モデル就業条件明示書（日雇い派遣・携帯メール用）の活用等により確実に行なう。

6 教育訓練機会の確保
- 派遣元事業主は、職務の遂行のための教育訓練を派遣就業前に実施する。
- 派遣元事業主は、職務を効率的に遂行するための教育訓練を実施するよう努める。

7 関係法令等の関係者への周知
- 派遣元事業主は、派遣労働者登録用のホームページや登録説明会で関係法令の周知を行なう。また、文書の配布等により、派遣先、日雇派遣労働者等の関係者に関係法令の周知を行なう。
- 派遣先は、文書の配布等により、派遣労働者、直接指揮命令する者等の関係者に関係法令の周知を行なう。

8 安全衛生に係る措置
- 雇入れ時の安全衛生教育、危険有害業務就業時の安全衛生教育を確実に行なう。

9 労働条件確保に係る措置
- 賃金の一部控除、労働時間の算定をはじめとして、労働基準法等関係法令を遵守する。

10 情報の公開
- 派遣元事業主は、派遣料金、派遣労働者の賃金等の事業運営の状況に関する情報の公開を行なう。

11 派遣元責任者および派遣先責任者の連絡調整等
- 派遣元責任者および派遣先責任者は、安全衛生等について連絡調整を行なう。

Section 1-6 職業紹介事業のしくみと事業の種類

★ハローワークは公的な職業紹介事業です。

職業紹介事業とは

「**職業紹介**」とは、「求人および求職の申込みを受け、求人者と求職者との間における雇用関係の成立をあっせんすること」と定義されています（職業安定法4条1項）。

この職業紹介を業として行なうものを「**職業紹介事業**」といい、求職者からの求職申込みを受理してから、紹介を経て就職に至るまでの一連のプロセスの一切をさすものです。

この職業紹介事業には、無料でセーフティネットとしての役割を果たしている政府機関である「公共職業安定所」（ハローワーク）の職業紹介事業がよく知られていますが、その他に、活力と創意工夫を活かし、労働力需給調整の役割を果たしている民間の職業紹介事業もあります。

有料職業紹介事業と無料職業紹介事業

民営職業紹介事業は、次の2種類に大別されます。

①**有料職業紹介事業**

有料職業紹介事業とは、職業紹介に関し手数料または報酬を受けて行なう職業紹介事業をいいます。これは、求職者に紹介してはいけないものとされている職業（具体的には、港湾運送業務に就く職業および建設業務に就く職業がこれに当たります）以外の職業について、厚生労働大臣の許可を受けることによって行なうことができます。

②**無料職業紹介事業**

無料職業紹介事業とは、職業紹介に関し、いかなる名義でも手数料または報酬を受けないで行なう職業紹介事業をいいます。

無料職業紹介事業を一般の会社が行なう場合には、厚生労働大臣の許可を受ければ行なうことができます。また、学校教育法1条の規定による学校、専修学校等の施設の長が行なう場合、商工会議所等特別の法律により設立された法人であって厚生労働省令で定めるものが行なう場合、さらには地方公共団体が行なう場合には、厚生労働大臣に届け出ることにより、無料職業紹介事業を行なうことができます。

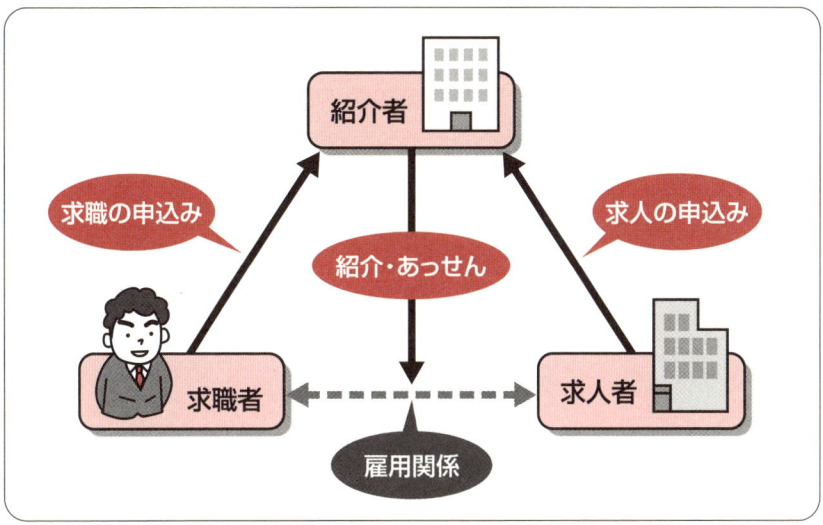

COLUMN

● 労働者派遣法施行規則の改正 ●

　平成20年4月1日より、労働者派遣法施行規則が改正されています。おもに、日雇派遣労働者の保護を目的としたもので、「日雇派遣指針」とともに同日から施行されています。

①事業報告書の報告事項の追加
　派遣元は、年に1回、事業年度経過後3か月以内に「労働者派遣報告書」を提出しなければなりませんが、その報告書において日雇派遣労働者の数等の報告が義務づけられました。

②派遣先責任者の選任の義務化
　従来は、労働者派遣が1日のみの場合は、派遣先責任者の選任は不要でしたが、1日だけの日雇い派遣においても選任義務が生じることになりました。

③派遣先管理台帳の作成義務化、記載事項・通知事項の追加
　従来は、労働者派遣が1日のみの場合は、派遣先管理台帳の作成は不要でしたが、1日だけの日雇い派遣においても作成義務が生じることになりました。
　また、派遣先管理台帳の記載事項に、「派遣労働者が労働者派遣に係る労働に従事した事業所の名称および所在地その他派遣就業をした場所」が追加されました。
　さらに、派遣元への通知事項として、従来の、①派遣労働者の氏名、②派遣就業をした日、③派遣就業をした日ごとの始業・終業時刻、休憩時間、のほかに、④従事した業務の種類、⑤派遣労働者が労働者派遣に係る労働に従事した事業所の名称および所在地その他派遣就業をした場所、が追加されました。
　したがって、派遣先はこれら5項目について、1か月に1回以上、定期的に、あるいは派遣元から請求があった場合に、派遣元に対して通知しなければなりません。

2章

こんな労働者派遣事業は
やってはいけない

禁止業務や禁止行為を
覚えておきましょう。

Section 2-1 法律で禁止されている派遣業務

★港湾運送業務や建設業務は人材派遣が禁止されています。

禁止業務は法律で列挙されている

　労働者派遣法が昭和61年に施行されてから平成11年までは、人材派遣は一定の業務にかぎり許されていました。

　しかし、ILO（国際労働機関）などの国際的な機関が自由化を求めてきたことで、それまで法律で「許される業務」（ポジティブリスト）を列挙していたものを、労働者が不当な取扱いを受けるようなトラブルが懸念される「**禁止業務**」（ネガティブリスト）を列挙する形へと変更し、その結果、人材派遣の対象となる業務は拡大しました。

　現在、人材派遣ができるのは、港湾運送業務、建設業務、警備業務、医療関係の業務など、右ページに掲げる禁止業務以外の業務とされています。

違反行為にはペナルティが課せられる

　この禁止業務は、一般労働者派遣事業であると特定労働者派遣事業であるとを問わず、また、許可を受け、または届出をして労働者派遣事業を行なっているか否かを問わず、労働者派遣事業を行なってはなりません。

　もし、これに違反して派遣を行なうと、1年以下の懲役または100万円以下の罰金が課せられることになります。さらに、許可取消しや事業停止命令、改善命令などの対象にもなります。

　また、派遣を受け入れた側でも、企業名公表などのペナルティが課せられてしまうので注意が必要です。

知っトク！ 違法派遣をめぐる摘発

　最近、特に日雇い派遣を行なっている大手人材派遣会社が、建設業務や警備業務などの禁止業務に労働者を派遣したり、二重派遣を行なうなどして、労働局から業務停止命令を受けるケースが散見される。動機については「業績向上」を理由とするものがほとんどだが、業務停止を受ければかえって損害が大きくなることを肝に銘じておきたい。

◎労働者派遣が禁止されている業務◎

① 港湾運送業務 …… 船内荷役、はしけ運送、沿岸荷役、いかだ運送等

② 建設業務 …… 土木、建築その他工作物の建設、改造、保存、修理、変更、破壊、解体の作業、またはこれらの準備の作業

> 注意　建設現場事務所の事務、施工管理業務は、禁止されていません。

③ 警備業務

④ 医療関係の業務
（紹介予定派遣、社会福祉施設への派遣を除く）
…… 医師、歯科医師、保健師、助産師、看護師、准看護師、栄養士、薬剤師、歯科技工士、その他理学療法士等の補助者

⑤ 人事労務管理関係のうち、派遣先において団体交渉または労働基準法に規定する協定の締結などのための労使協議の際に使用者側の直接当事者として行なう業務

⑥ 弁護士、外国法事務弁護士、司法書士、土地家屋調査士、公認会計士、税理士、弁理士、社会保険労務士、行政書士の業務
（弁理士、社会保険労務士など一定の条件で行なわれる場合を除く）

⑦ 建築士事務所の管理建築士など他の法令で禁止されている業務

Section 2-2 事前面接や履歴書の事前送付はやってはいけない

★派遣先の会社は派遣労働者を事前に特定することはできません。

事前面接等の禁止は努力義務

　労働者派遣法では、派遣先の意向によって恣意的に派遣労働者を選別したり、派遣労働者の雇用の不安定化を防止するため、「労働者派遣（紹介予定派遣を除く）の役務の提供を受けようとする者は、労働者派遣契約の締結に際し、当該労働者派遣契約に基づく労働者派遣に係る派遣労働者を特定することを目的とする行為をしないように努めなければならない」（労働者派遣法26条7項）として、**派遣先が派遣労働者を事前に特定する行為（事前面接や履歴書の事前送付など）をしないようにする努力義務**を定めています。

　また、「派遣元事業主が講ずべき措置に関する指針」（平成11年労働省告示137号）でも、派遣元が事前面接等の特定行為に協力してはならない、としています。

　ただし、これらの規定は"努力義務"であるため、かりに事前面接や履歴書の事前送付を行なっても、特段の罰則はありません。しかし、行政指導の対象になります。

派遣労働者が自主的に行なえば事前特定に当たらない

　労働者派遣に先立って面接すること、派遣先に対して当該労働者に係る履歴書を送付させることのほか、若年者に限るとすることなど、「**派遣労働者を特定することを目的とする行為を行なわない**」という原則が、労働者派遣では大前提です。

　しかし、派遣労働者または派遣労働者となろうとする者が、自らの判断のもとに派遣就業開始前の事業所に訪問したり、履歴書の送付または派遣就業期間中に履歴書の送付を行なうことは、派遣先によって派遣労働者を特定することを目的とする行為が行なわれたことには該当しないものとされています。

　つまり、労働者が派遣先に自主的に訪問したり、履歴書を送付することは"事前特定行為にあたらない"ということですが、派遣先が直接・間接的にこれを求めれば、当然に禁止された事前特定行為となります。

◎事前面接や履歴書の事前送付の取扱い◎

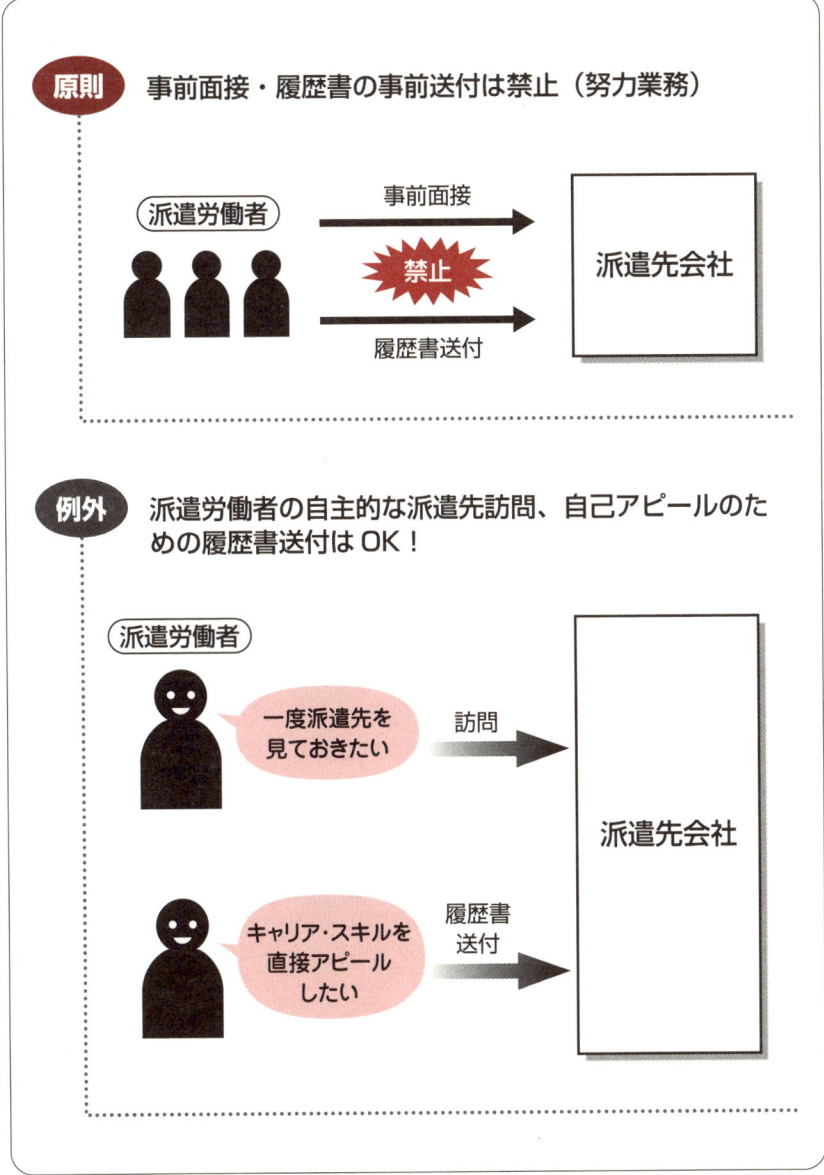

　なお、派遣終了後の直接雇用を予定した「紹介予定派遣」の場合は、事前面接を行なうことが許されています（192ページ参照）。

Section 2-3 「専ら派遣」は禁止されている

★派遣労働者を特定の会社にのみ派遣することはできません。

専ら派遣とはどんな行為か

「専ら派遣」とは、派遣労働者の派遣先を特定の会社に限定する行為のことをいい、この行為は労働者派遣法で禁止されています。

派遣労働者の派遣先が特定の会社に事実上限定されたり、派遣労働者にとっての選択幅が著しく限定されたりすることを認めてしまうと、たとえば、子会社として人材派遣会社を設立し、親会社は登録された派遣労働者を必要に応じて子会社から供給を受けることが可能となってしまい、正社員を雇用するという動機づけを喪失させてしまうことになりかねません。したがって、「専ら派遣」は禁止されているわけです。

専ら派遣とみなされる行為と例外規定

「専ら派遣」とみなされる判断基準は、次のとおりです。

> ①定款、寄附行為、登記簿の謄本等に事業の目的が専ら派遣である旨の記載等が行なわれている場合
> ②派遣先の確保のための努力が客観的に認められない場合
> （不特定の者を対象とした派遣先の確保のための宣伝、広告などを正当な理由なく随時行なっていない場合）
> ③人材派遣を受けようとする者からの依頼に関し、特定の者以外からのものについては、正当な理由なくすべて拒否している場合
> （ただし、不特定の者に対して行なうことを目的として事業運営を行なっていながら、結果として、特定の者に対してしか人材派遣をすることができなかったときは、専ら派遣とはみなされません）

専ら派遣と認められる場合、厚生労働大臣は、事業目的および運営の方法を変更するように、派遣元事業主に勧告することができます。

ただし、派遣元が雇用する派遣労働者で60歳以上の者、かつ他の事業主の事業所を60歳以上の定年により退職した後に雇い入れられた者が30％以上である場合は、勧告の対象にならないことになっています。

◎「専ら派遣」のしくみと取扱い◎

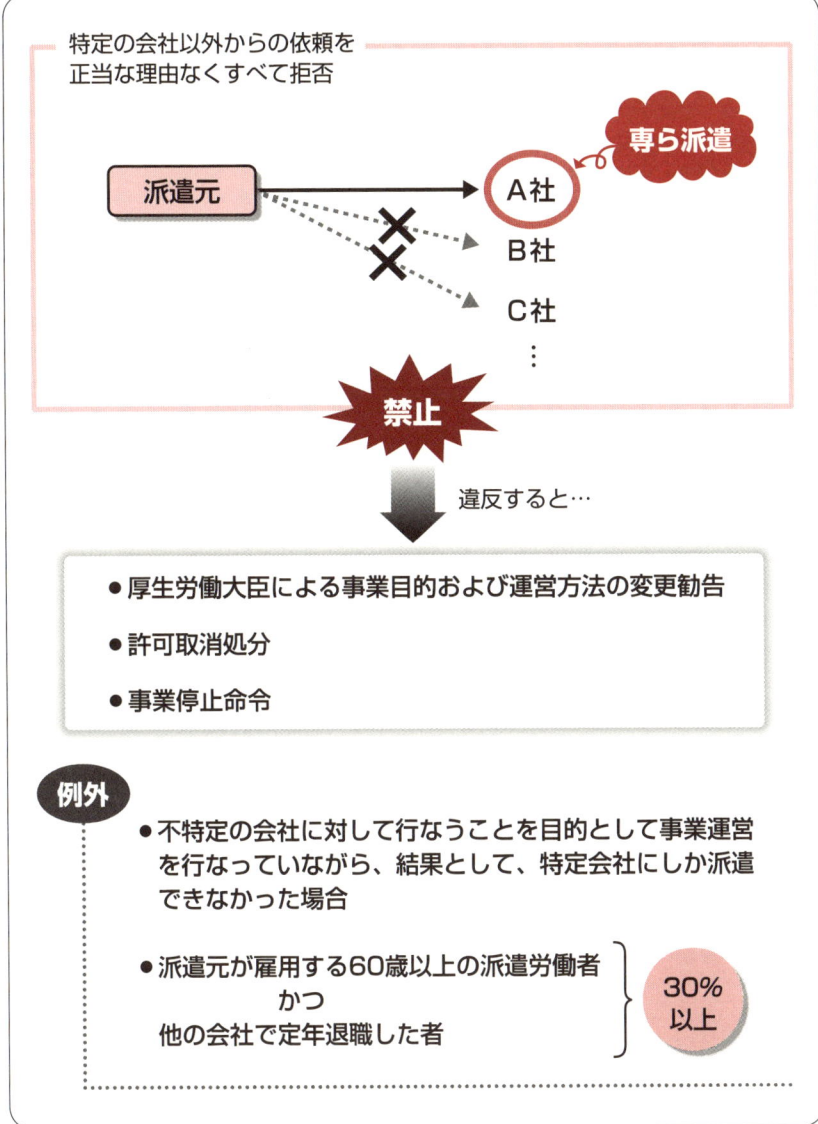

　専ら派遣の禁止は、一般労働者派遣事業の許可要件なので、これに違反していると認められた場合は、許可取消処分または事業停止命令を受けることになってしまいます。

Section 2-4 「二重派遣」は禁止されている

★派遣された労働者を別の会社に派遣することは認められません。

二重派遣となるのはどんなケースか

　労働者派遣法が認めている労働者派遣事業は、あくまでも「自己の雇用する労働者」を派遣することに限定されています。しかし、次のようなケースでは、禁止されているいわゆる「二重派遣」とみなされてしまいます（右ページの図参照）。

---
①派遣元Ｘ社が、派遣労働者Ａを派遣先Ｙ社に派遣し、派遣先Ｙ社はさらに派遣先Ｚ社へ派遣するケース

②派遣元Ｘ社は派遣先Ｚ社より仕事を受け、労働者派遣契約を締結したにもかかわらず、対応可能な派遣労働者を持ち合わせていなかったため、外注先として派遣元Ｙ社へ仕事を丸投げし、派遣元Ｙ社は派遣労働者Ｂを派遣先Ｚ社に派遣したというケース

---

　①のケースでは、派遣先Ｙ社と派遣労働者Ａとの間に雇用関係がないにもかかわらず、別の派遣先Ｚ社へ派遣しています。
　一方の②のケースでは、派遣元Ｘ社と派遣労働者Ｂとの間に雇用関係がないにもかかわらず、別の派遣先Ｚ社へ派遣されています。
　派遣元と雇用関係にない派遣労働者を派遣先へ派遣した場合は、職業安定法で原則的に禁止されている労働者供給事業にあたり、違法となって罰せられることになります。

　なお、①のケースでＹ社とＺ社の間が請負契約であった場合には、派遣労働者Ａを請負先であるＺ社で就労させたとしても、二重派遣とはなりません（右ページの一番下の図参照）。ただしこの場合でも、「請負か派遣か」という判断は厳格に行なうべきで、ややもするといわゆる"偽装請負"とみなされかねないので、判断基準に従って正しい運用を心がけたいところです。

◎「二重派遣」とみなされる場合◎

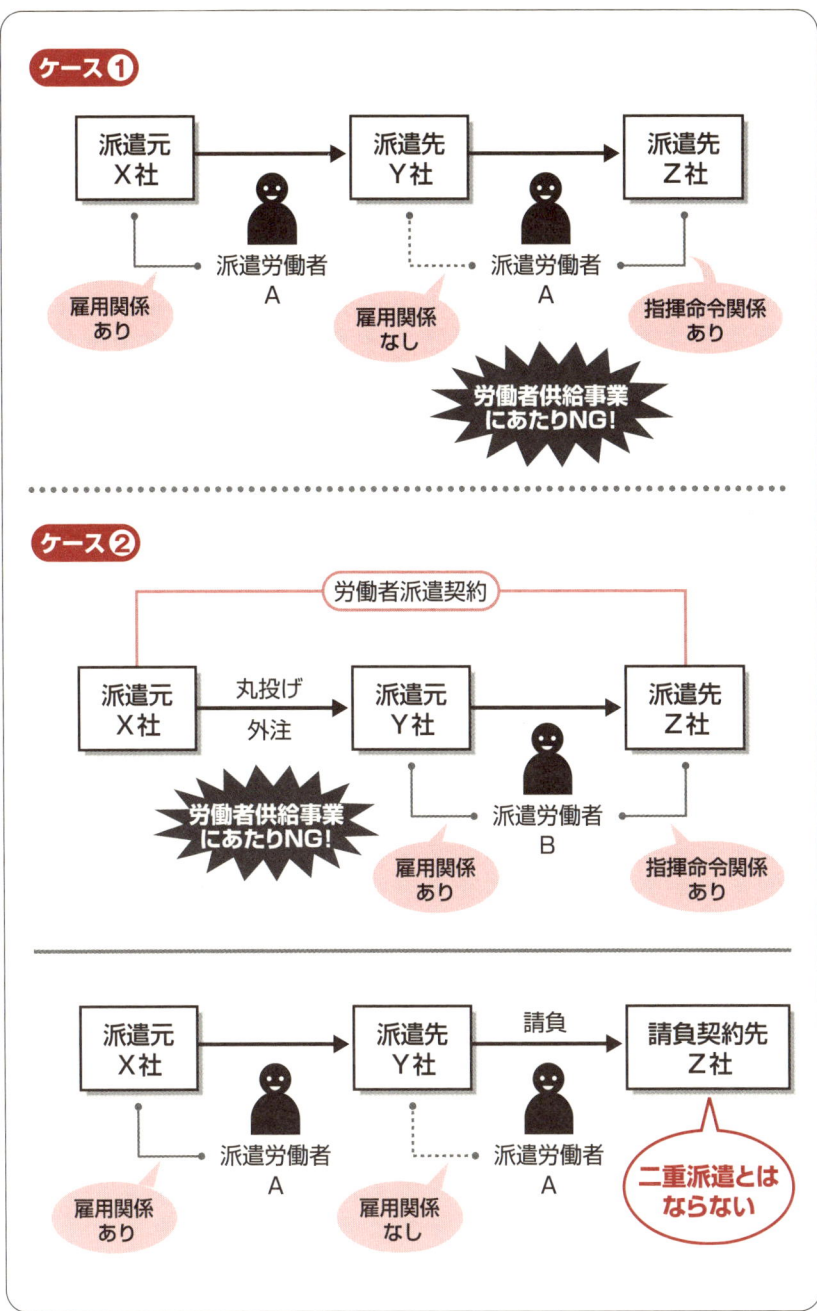

Section 2-5 労働法に違反したときの行政処分・勧告・罰金

★派遣元だけでなく派遣先が対象になることもあります。

派遣元が違反したときのペナルティ

　労働者派遣事業の派遣元が、労働者派遣法をはじめとする労働法に違反した場合には、厚生労働大臣から派遣元に対して、雇用管理の方法の改善、その他事業の運営を改善するために必要な措置を講ずるよう命じられることがあります。

　そのうち、一般労働者派遣事業の派遣元が以下のいずれかに該当したときは、厚生労働大臣により許可を取り消される場合があります。また、②あるいは③に該当した場合は、期間を定めて派遣事業の全部または一部の停止を命じられることがあります。

> ①**許可の欠格事由**のいずれかに該当しているとき
> ②**労働者派遣法**（同法第3章第4節〈労基法の適用事項〉を除く）もしくは職業安定法の規定、またはこれらの規定に基づく政省令もしくは処分に違反したとき
> ③**許可の条件**に違反したとき

　一方、特定労働者派遣事業の派遣元が欠格事由のいずれかに該当した場合には、厚生労働大臣により事業の廃止を命じられることがあります。

　また、労働者派遣法や職業安定法などに違反した場合は、期間を定めて労働者派遣事業の全部または一部の停止を命じられることがあります。

派遣先が違反したときのペナルティ

　派遣先会社においても、一定の処分が課せられます。派遣禁止業務に派遣労働者を就労させた場合や、許可等を受けていない派遣元会社から派遣労働者を受け入れた場合など、労働者派遣法の規定に違反したり行政による指導または助言があったにもかかわらず、なお違法行為を行なう恐れがあると認められるときは、勧告および公表の対象となります。

　労働者派遣法の各規定に違反した場合の罰則をまとめると、右ページ表のようになります。

◎労働者派遣法に違反した場合の罰則一覧◎

派遣元の罰則

30万円以下の罰金	●労働者派遣事業の許可・届出書類に虚偽の記載をしたとき ●労働者派遣事業の変更・廃止の届出をしなかったとき、または虚偽の届出をしたとき ●派遣労働者に派遣契約の内容や抵触日などを明示しなかったとき ●派遣先に氏名や社会保険の加入状況などを通知しなかったとき ●派遣受入期間の抵触日以降に派遣を行なったとき ●派遣元責任者を選任しなかったとき ●派遣元管理台帳の作成、記載、3年間保存をしなかったとき ●厚生労働大臣に対する報告をせず、または虚偽の報告をしたとき ●厚生労働省の職員の立入検査に対して拒否、妨げ、避け、または質問に答えない、虚偽の陳述をしたとき
6か月以下の懲役または30万円以下の罰金	●無届で特定労働者派遣事業を行なったとき ●法律違反を申告したことを理由として解雇その他不利益な取扱いをしたとき ●自分の名前で、他人に特定労働者派遣事業をさせたとき（名義貸しの禁止） ●厚生労働大臣の改善命令に違反したとき
1年以下の懲役または100万円以下の罰金	●建設業務など禁止されている業務に派遣したとき ●自分の名前で、他人に一般労働者派遣事業をさせたとき（名義貸しの禁止） ●許可なく一般労働者派遣事業を行なったとき ●偽りまたは不正によって一般労働者派遣事業の許可を受けたとき、または有効期間の更新をしたとき ●労働者派遣法、職業安定法またはこれらの規定に基づく命令または処分に違反したとき
1年以上10年以下の懲役または20万円以上300万円以下の罰金	●公衆衛生または公衆道徳上有害な業務に就かせる目的で人材派遣をしたとき

派遣先の罰則

30万円以下の罰金	●派遣先責任者を選任しなかったとき ●派遣先管理台帳の作成、記載、派遣元への通知、3年間保存をしなかったとき ●厚生労働大臣に対する報告をせず、または虚偽の報告をしたとき ●厚生労働省の職員の立入検査に対して拒否、妨げ、避け、または質問に答えない、虚偽の陳述をしたとき
6か月以下の懲役または30万円以下の罰金	●法律違反を申告したことを理由として解雇その他不利益な取扱いをしたとき
1年以下の懲役または100万円以下の罰金	●労働者供給事業を行なう者から労働者を受け入れたとき

COLUMN

● 派遣元・派遣先における労働基準法の適用 ●

　派遣労働者は派遣元と雇用関係にあることから、原則として派遣元が労働基準法の使用者責任を負うことになります。しかし、派遣労働者は派遣先においても派遣先の指揮命令を受けて就業しますから、派遣先にも使用者責任が生じることになります。

　そこで、派遣元・派遣先において、労働基準法がどのように適用されるのかを整理しておきましょう。

①派遣元、派遣先の両方に使用者責任が及ぶもの
- 均等待遇
- 強制労働の禁止
- 徒弟の弊害の排除
- 監督機関に対する申告
- 法令等の周知義務
- 記録の保存、報告の義務

②派遣元事業主に使用者責任が及ぶもの
- 男女同一賃金の原則
- 労働契約
- 賃金
- 年次有給休暇
- 労働時間関係の労使協定の締結、届出
- 時間外労働・休日労働・深夜労働の割増賃金
- 年少者の最低年齢、証明書、帰郷旅費
- 女性の産前産後休業
- 職業訓練に関する特例
- 災害補償
- 就業規則
- 寄宿舎
- 労働者名簿、賃金台帳

③派遣先事業主に使用者責任が及ぶもの
- 公民権行使の保障
- 労働時間、休憩、休日、時間外・休日労働の運用
- 年少者・妊産婦等の危険有害業務の就業制限
- 年少者・女性の坑内労働の禁止
- 妊産婦の時間外・休日・深夜業
- 育児時間、生理日に対する措置

3章

派遣を開始するとき・終了するときの実務知識

契約書の作成のしかたなどについて、しっかりマスターしましょう。

Section 3-1 派遣受入期間の制限がある業務

★一般的業務の派遣受入期間は原則１年、最長３年です。

なぜ派遣受入期間に制限があるのか

　派遣労働者を受け入れる際には、受入期間について制限があり、業務の種類によって異なります（右ページ表参照）。

　派遣期間をあまり長く認めてしまうと、正社員よりも派遣労働者を採用するほうが、人件費の軽減を図ることができ、雇用の調整も比較的しやすいなど、労務リスクを回避できることから正社員の職域が侵害されていく恐れがあります。このため、**一般的業務**については、派遣受入期間に制限が設けられています。

　この制限は、**原則として１年が上限**ですが、派遣先にもともと雇用されている正規労働者の過半数代表の意見聴取を行なえば、**最長３年**まで受け入れることが可能です。

派遣受入期間の制限の注意点

　「原則１年、最長３年」という派遣受入期間については、派遣先の「事業所その他就業の場所ごとの同一の業務」に対して課せられているもので、決して派遣労働者１人について定められた期間ではありません。

　「派遣受入期間の制限に抵触しそうだから、派遣労働者をスイッチしてもらおう」という話を耳にすることがあります。しかし、同じ場所において、同じ業務に従事していれば、その途中で派遣労働者を交替しても期間は継続することになり、そのまま抵触日を迎えてしまいます。また、派遣元会社（人材派遣会社）を変更しても、やはり期間は通算されます。

　なお、この派遣受入期間の制限は、いったん一定期間、中断することで派遣受入期間の制限をリセットすることができます。この中断期間は３か月間とされており、**クーリング期間**と呼ばれています。

　一般的業務のほかに一定の制限が設けられている業務があり、産前産後休業および育児休業等を取得する労働者の代替業務、介護休業等を取得する労働者の代替業務は休業中の労働者が復帰するまで制限され、３年以内の有期プロジェクト業務はそのプロジェクトの期間内で制限されます。

◎業務別の派遣受入期間◎

	業務の種類	受入期間の限度	備　考
❶	一般的業務 （❷〜❻以外の業務）	最長3年まで	1年を超える派遣を受け入れようとする場合は、派遣先労働者の過半数代表の意見聴取が必要。
❷	ソフトウェア開発等の政令で定める業務 （いわゆる専門26業務）	制限なし	──
❸	いわゆる「有期プロジェクト」業務	プロジェクト期間内は制限なし （最長3年）	──
❹	日数限定業務	制限なし	その業務の1か月間に行なわれる日数が、派遣先の通常の労働者の所定労働日数の半分以下でかつ10日以下の業務
❺	産前産後・育児休業等を取得する労働者の業務	育児休業者等が復帰するまで	──
❻	介護休業等を取得する労働者の業務	介護休業者が復帰するまで	──

◎「意見聴取書」のモデル例◎

平成○年×月□日

過半数代表者
　土屋　信彦　殿

株式会社　日実コーポレーション
代表取締役　佐藤　喜一

意見聴取書

　下記の業務について、労働者派遣の役務の提供を受けることについて労働者派遣法第40条の2第4項に基づき意見を求めます。
　つきましては、平成○年□月△日までに意見書を提出してください。

記

1．業務　経理部経理課　パソコンによる伝票入力業務

2．派遣受入期間および開始予定時期
　　平成○年4月1日から平成△年3月31日まで（3年間）

以上

Section 3-2 派遣受入期間の制限がない業務

★期間に制限のない専門的業務が決められています。

専門的26業務には派遣受入期間の制限がない

　労働者派遣事業を行なうことができる業務のなかには、派遣受入期間に制限がない業務もあります。

　"派遣労働者の職業生活の全期間にわたるその能力の有効な発揮およびその雇用の安定に資すると認められる雇用慣行を損なわないと認められるから"ということがその理由ですが、その代表的な業務は、迅速かつ的確に遂行するために専門的な知識、技術または経験を必要とする業務、いわゆる「**専門的26業務**」です。

専門的業務でも複合業務を行なうと一般的業務となる

　そもそも労働者派遣を行なうことができたのは、この専門的26業務だけだったのですが、規制緩和されて派遣可能な業務の範囲が拡大されてきた経緯があります。

　また、たとえば、専門的業務である代表取締役の「秘書の業務」(右ページ表の7号該当)として、期間の定めのない契約で採用した派遣労働者に、あわせて来客者へのお茶の接待や会議室の準備などの庶務的な業務をさせるなど、専門的業務で契約しながら実際には一般的業務も行なわせているというケースが散見されます。

　こうした付随的な業務に従事する労働時間が全体の約10%を超えると、「**複合業務**」とみなされ、専門的業務ではなく、一般的業務として取り扱われるようになってしまいます。つまり、派遣受入期間の制限を受けることになります。

日数限定業務も派遣受入期間の制限を受けない

　専門的26業務のほかに、短期間の催事やイベントに派遣されるコンパニオンなど、1か月間に行なわれる日数が、派遣先の通常の労働者の所定労働日数の半分以下かつ10日以下の業務である「**日数限定業務**」についても、派遣受入期間の制限を受けない業務です。

◎「専門的26業務」の一覧◎

1号	ソフトウェア開発の業務
2号	機械設計の業務
3号	放送機器等操作の業務
4号	放送番組等演出の業務
5号	事務用機器操作の業務
6号	通訳、翻訳、速記の業務
7号	秘書の業務
8号	ファイリングの業務
9号	調査の業務
10号	財務処理の業務
11号	貿易取引文書作成の業務
12号	デモンストレーションの業務
13号	添乗の業務
14号	建築物清掃の業務
15号	建築設備運転、点検、整備の業務
16号	案内・受付、駐車場管理等の業務
17号	研究開発の業務
18号	事業の実施体制の企画、立案の業務
19号	書籍等の製作・編集の業務
20号	広告デザインの業務
21号	インテリアコーディネーターの業務
22号	アナウンサーの業務
23号	ＯＡインストラクションの業務
24号	テレマーケティングの営業の業務
25号	セールスエンジニアの営業、金融商品の営業関係の業務
26号	放送番組等における大道具・小道具の業務

Section 3-3 派遣元と派遣先で交わす労働者派遣契約

★労働者派遣契約はトラブル解決の拠りどころとなるものです。

トラブルが起きるリスクはつきもの

　労働者派遣事業を行なうにあたっては、まず、派遣元が派遣先に対して労働者を派遣し、派遣先は受け入れた労働者を指揮命令下において業務に従事させ、その対価として派遣元に料金を支払う、という契約を締結することになります。これを「労働者派遣契約」といいます。

　派遣業務では、トラブルが起こるリスクがつきものです。たとえば、派遣先においては、「派遣されたスタッフが遅刻を繰り返す」「業務を遂行するためのスキルが足りない」など、一方の派遣元においては、「突然、もう派遣スタッフは必要ないと打ち切られた」「派遣してみたら、まったく異なる業務を強いられていた」などです。労働者派遣契約は、そうした問題解決の拠りどころとなる大切な約束事だといえます。

基本契約と個別契約

　労働者派遣契約は、「基本契約」と「個別契約」に大別され、基本契約を結んだうえで、派遣案件が発生するつど個別契約を締結することが一般的です。

①基本契約

　労働者派遣を行なう際の根拠となる契約で、民法上の「契約自由の原則」により、原則として派遣元と派遣先の間で決められる契約内容は自由です。一般的には、派遣元主導で作成し、派遣先に提示されます。そのため、派遣元の都合が優先されてつくられる傾向にあるので、派遣労働者を受け入れる派遣先としては、面倒でも各条項をしっかり確認し、認められない事項については派遣元と協議する必要があるでしょう。

②個別契約

　派遣を行なうごとに締結する個別の派遣契約で、派遣労働者の就労に直接影響を及ぼすことから、「契約自由の原則」は労働者派遣法や労働基準法など法令の規制を受けることになり、その契約内容も、労働者派遣法の定めによって記載事項が決められています。

◎労働者派遣契約のしくみ◎

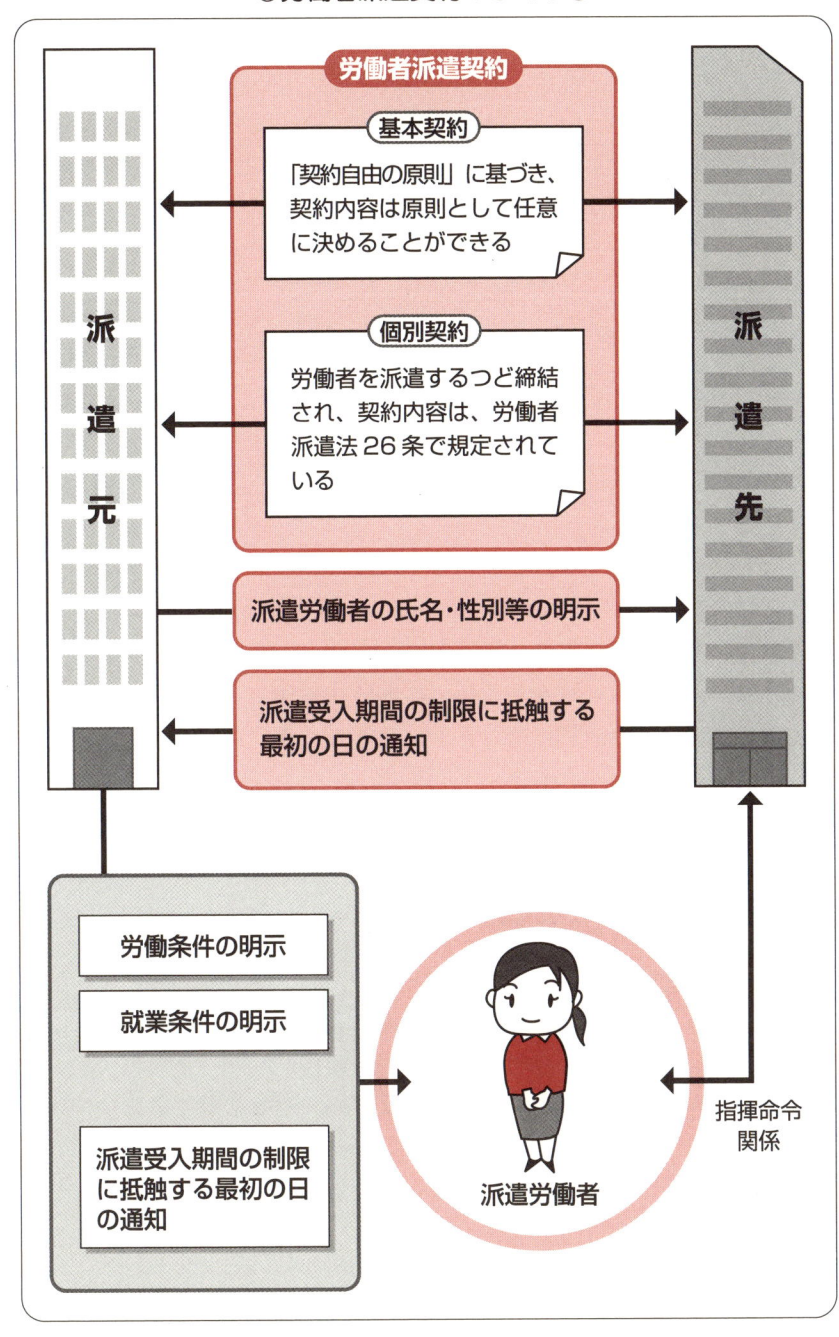

労働者派遣契約

基本契約
「契約自由の原則」に基づき、契約内容は原則として任意に決めることができる

個別契約
労働者を派遣するつど締結され、契約内容は、労働者派遣法26条で規定されている

派遣元 ⇔ 派遣先

派遣労働者の氏名・性別等の明示（派遣元→派遣先）

派遣受入期間の制限に抵触する最初の日の通知（派遣先→派遣元）

派遣元から派遣労働者へ：
- 労働条件の明示
- 就業条件の明示
- 派遣受入期間の制限に抵触する最初の日の通知

派遣先と派遣労働者：指揮命令関係

派遣労働者

3章 派遣を開始するとき・終了するときの実務知識

Section 3-4 労働者派遣基本契約書の つくり方と記載事項

★基本契約書には個別契約以外の任意事項を規定します。

基本契約書に織り込むべき契約内容

　労働者派遣法26条の規定によって記載が義務づけられる事項については、労働者を派遣するつど交わす個別契約に記載することになります。

　労働者派遣の基本契約書については、それ以外の事項について任意に規定することになります。たとえば、派遣労働者を交替してほしい要望についてや、派遣料金の金額、契約内容が不履行となった場合の損害賠償責任などがそれにあたります。

　基本契約の内容は、契約自由の原則に従って、派遣元と派遣先が自由に決めることができますが、一般的に結ばれるおもな契約内容は次のような事項です。

①契約の目的
②個別の派遣契約への委任事項と適用範囲
③派遣料金の決定・計算・支払いに関する事項
④派遣就業に伴う必要経費の負担に関する事項
⑤派遣元の遵守事項、および努力義務
⑥派遣先の遵守事項、および努力義務
⑦契約当事者の一方に契約違反（債務不履行）があった場合の損害賠償責任
⑧派遣元責任者と派遣先責任者に関する事項
⑨派遣労働者の遵守事項
⑩派遣労働者の休暇取得と代替者派遣に関する原則的な取扱い
⑪派遣労働者交替要請に関する原則的な取扱い
⑫基本契約の解除、および個別の派遣契約の解除に関する事項
⑬基本契約の有効期間、および契約更新に関する事項
⑭その他、契約当事者間における特約事項

　44ページ以降は、「労働者派遣基本契約書」のモデル例です。

◎基本契約の締結は必須◎

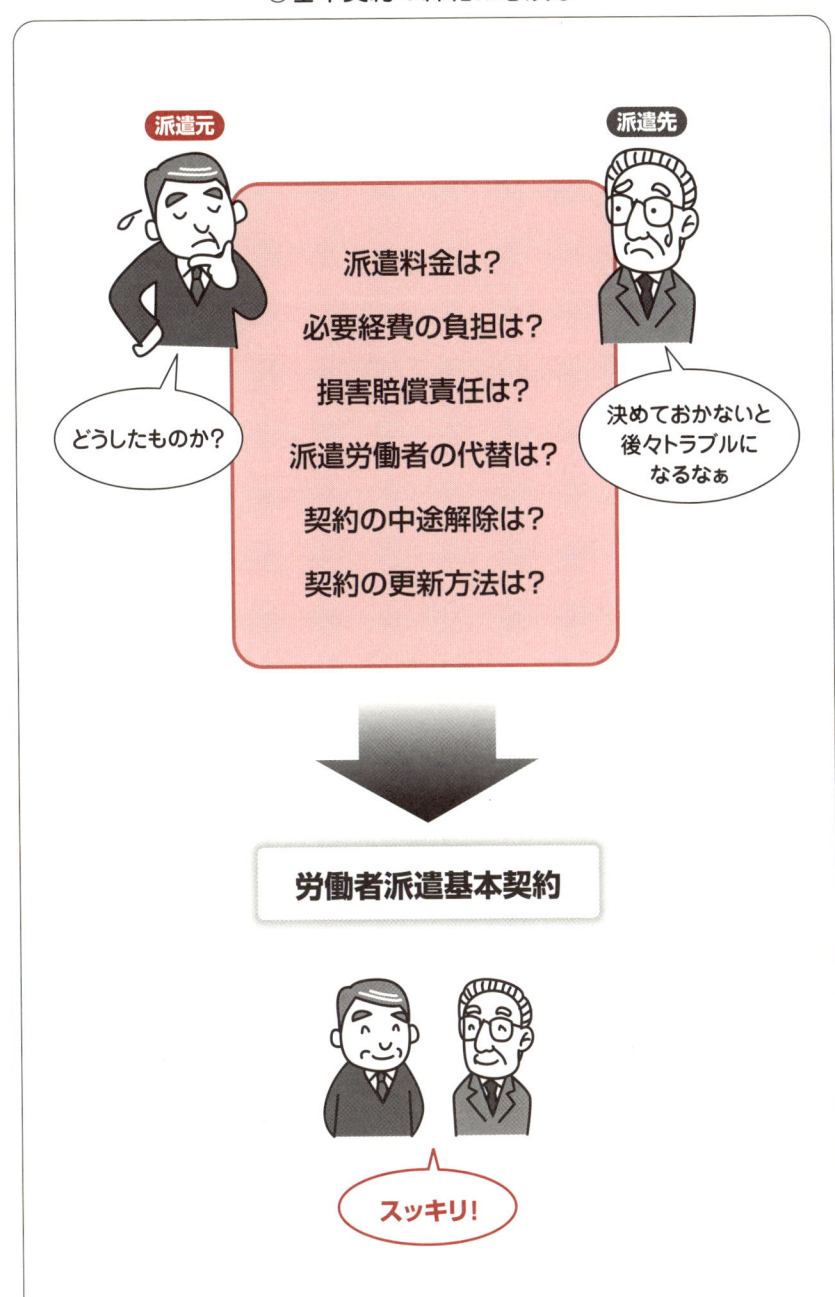

派遣元 / 派遣先

派遣料金は？
必要経費の負担は？
損害賠償責任は？
派遣労働者の代替は？
契約の中途解除は？
契約の更新方法は？

どうしたものか？

決めておかないと後々トラブルになるなぁ

↓

労働者派遣基本契約

スッキリ！

3章 派遣を開始するとき・終了するときの実務知識

◎「労働者派遣基本契約書」のモデル例◎

労働者派遣基本契約書

（派遣先）株式会社オーエムエス（以下「甲」という）と（派遣元）株式会社日実コーポレーション（以下「乙」という）は、乙がその労働者を「労働者派遣事業の適正な運営の確保及び派遣労働者の就業条件の整備等に関する法律」（以下「労働者派遣法」という）に基づき、甲に派遣するにあたり、次のとおり基本契約を締結する。

> 労働者派遣が目的である旨を明記します。

（目的）
第1条　本契約は、乙が、労働者派遣法および本契約に基づき、乙の雇用する労働者（以下「派遣労働者」という）を甲に派遣し、甲が派遣労働者を指揮命令して業務に従事させることを目的とする。
　　なお、本契約は、労働者派遣法第2条第6号に定める紹介予定派遣（労働者派遣のうち、派遣元事業主が、労働者派遣の役務の提供開始前または開始後に、派遣労働者および派遣先について、職業紹介を行ない、または職業紹介を行なうことを予定してするものをいう）にも適用する。

（総則）
第2条　甲および乙は、労働者派遣を行ない、もしくは労働者派遣を受け入れるにあたり、それぞれ労働者派遣法その他関係諸法令ならびに派遣先が講ずべき措置に関する指針（以下「派遣先指針」という）および派遣元が講ずべき措置に関する指針（以下「派遣元指針」という）を遵守する。
2　本契約は、特に定めのない限り、紹介予定派遣に係るものを含む本契約有効期間中のすべての労働者派遣に係る次条第1項の個別契約に適用する。

> 具体的な契約内容は、契約のつど、個別契約書へ委任します。

（個別契約）
第3条　甲および乙は、乙が甲に労働者派遣を行なうつど、労働者派遣法および同法施行規則等の定めに基づき、派遣労働者の従事する業務内容、就業場所、就業期間、その他労働者派遣に必要な細目について労働者派遣法

第26条第1項に規定する労働者派遣契約（以下「個別契約」という）を締結する。
2　乙は、前項の個別契約に定められた業務（以下「派遣業務」という）の遂行に必要とされる技術・能力・経験等を有する派遣労働者を選定のうえ、労働者の派遣を行ない、甲に対し当該派遣労働者の氏名、性別、その他労働者派遣法および同法施行規則等に定める事項を通知しなければならない。
3　紹介予定派遣を行なう場合には、同制度に必要な事項を第1項の個別契約に加え定めるものとする。

> 派遣受入期間に制限がある業務の派遣可能期間は、原則1年、労働者の意見聴取を経て最長3年です。

（派遣受入期間の制限のある業務と抵触日通知等）
第4条　甲および乙は、派遣就業の場所ごとの同一業務（派遣受入期間の制限のない業務（労働者派遣法第40条の2第1項各号に掲げる業務）を除き、以下「派遣受入期間の制限がある業務」という）について、派遣可能期間（同法第40条の2第4項の意見聴取を経て3年以内の派遣受入期間が定められている場合は当該定められた期間、それ以外は1年）を超える期間、継続して派遣労働者を受け入れ、または派遣してはならない。甲は、これらに該当する業務について個別契約を締結するにあたり、あらかじめ、乙に対し、当該派遣受入期間の制限に抵触することとなる最初の日（以下「抵触日」という）を書面の交付等により通知するものとする。個別契約の締結後に、甲において派遣受入期間を定め、またはこれを変更する場合も、そのつど、乙に対して、同様の方法により抵触日の通知をするものとする。
2　甲は、前項の派遣受入期間の制限がある業務について、1年を超える期間、労働者派遣を受けようとする場合は、あらかじめ、その事業所の労働者の過半数で組織する労働組合がある場合においてはその労働組合、労働者の過半数で組織する労働組合がない場合においては労働者の過半数を代表する者に対し、当該期間をはじめ同法施行規則に定める事項を書面により通知し、その意見を聴くものとする。個別契約の締結後に、甲において派遣受入期間を変更する場合も、また同様とする。
3　甲および乙は、第1項の通知がなかった場合には、個別契約を締結してはならず、また、個別契約締結後に派遣受入期間を定め、または、これを変更する場合、相当な期間内に第1項の通知がなされない場合は、当該個別契約は、当該相当な期間を経過した日に、当然に将来に向かって解除さ

れるものとする。
4　乙は、個別契約の履行中において、第1項の抵触日の1か月前に至ったときは、当該日から抵触日の前日までの間に、抵触日以降継続して労働者派遣を行なわない旨を甲および派遣労働者に通知するものとする。なお、当該抵触日をもって派遣雇用期間が終了する場合には、乙はその旨を併せて派遣労働者に通知する。

> 派遣先による派遣労働者の事前特定行為は禁止されています（紹介予定派遣を除く）。

（派遣労働者の特定を目的とする行為の制限）
第5条　甲は、労働者派遣契約を締結するに際し、紹介予定派遣の場合を除き、派遣労働者を特定することを目的とする行為（受け入れる派遣労働者を選別するために行なう事前面接、履歴書の送付要請、若年者等への限定、性別の限定、派遣労働者の指名等）をしてはならない。また、乙は、これらの行為に協力してはならない。なお、派遣労働者または派遣労働者となろうとする者が、派遣就業を行なう派遣先として、適当であるかどうかを確認する等のため自らの判断のもとに派遣就業開始前の事業所訪問もしくは履歴書の送付または派遣期間中に派遣終了後の直接雇用を目的とした履歴書の送付を行なうことは、この限りではない。

> 重責業務に就労する場合は、別途、取り決めを行ないます。

（金銭の取扱い、自動車の使用その他特別な業務）
第6条　甲が、派遣労働者に現金、有価証券、その他、これに類する証券および貴重品の取扱いをさせ、または自動車を使用した業務その他特別な業務に就労をさせる必要がある場合には、甲の管理監督責任のもと甲乙間で別途必要な取扱いを定める。

（派遣先責任者）
第7条　甲は、労働者派遣法および同法施行規則の定めに基づき、自己の雇用する労働者（法人の場合には役員を含む）のなかから、事業所その他派遣就業の場所ごとに所定人数の派遣先責任者（物の製造業務派遣の場合には製造業務専門派遣先責任者を含む。以下同じ）を選任するものとする。
2　派遣先責任者は、派遣労働者を指揮命令する者に対して、個別契約に定

める事項を遵守させるほか、適正な派遣就業の確保のための措置を講じなければならない。

（派遣元責任者）
第8条　乙は、労働者派遣法および同法施行規則の定めに基づき、自己の雇用する労働者（法人の場合には役員を含む）のなかから、事業所ごとに所定人数の派遣元責任者（物の製造業務派遣の場合には製造業務専門派遣元責任者を含む。以下同じ）を選任するものとする。
2　派遣元責任者は、派遣労働者の適正な就業確保のための措置を講じなければならない。

> 派遣先は、契約外の業務に派遣労働者を従事させない旨を確認します。

（指揮命令者）
第9条　甲は、派遣労働者を自ら指揮命令して自己の事業のために使用し、個別契約に定める就業条件を守って派遣業務に従事させることとし、自己の雇用する労働者（法人の場合には役員を含む）のなかから就業場所ごとに指揮命令者を選任しなければならない。
2　指揮命令者は、派遣業務の処理について、個別契約に定める事項を守って派遣労働者を指揮命令し、契約外の業務に従事させることのないよう留意し、派遣労働者が安全、正確かつ適切に派遣業務を処理できるよう、派遣業務処理の方法、その他必要な事項を派遣労働者に周知し指導する。
3　指揮命令者は、前項に定めた事項以外でも甲の職場維持・規律の保持・営業秘密および個人情報等の漏えい防止のために必要な事項を派遣労働者に指示することができる。

> 苦情への対応は、派遣先・派遣元間の連絡体制が大切です。

（苦情処理）
第10条　甲および乙は、派遣労働者からの苦情の申し出を受ける担当者を選任し、派遣労働者から申し出を受けた苦情の処理方法、甲乙間の連絡体制等を定め、個別契約書に記載する。
2　甲および乙は、派遣労働者から苦情の申し出があった場合には、互いに協力して迅速な解決に努めなければならない。

3 前項により苦情を処理した場合には、甲および乙は、その結果について必ず派遣労働者に知らせなければならない。

（適正な就業の確保）
第11条 乙は、甲が派遣労働者に対し、個別契約に定める労働を行なわせることにより、労働基準法等の法令違反が生じないよう労働基準法等に定める時間外・休日労働協定、その他所定の法令上の手続等をとるとともに、適正な就業規則を定め、派遣労働者に対し、適正な労務管理を行ない、甲の指揮命令等に従って職場の秩序・規律・営業秘密を守り、適正に業務に従事するよう派遣労働者を教育、指導しなければならない。
2 甲は、派遣労働者に対し、労働基準法等の諸法令ならびに本契約および個別契約に定める就業条件を守って派遣労働者を労働させるとともに、当該派遣就業が適正かつ円滑に行なわれるようにするため、セクシャルハラスメントの防止等に配慮するとともに、診療所、給食設備等の施設で派遣労働者の利用が可能なものについては便宜の供与に努める。
3 甲は、乙が行なう派遣労働者の知識、技術、技能等の教育訓練および安全衛生教育ならびに派遣労働者の自主的な能力開発について可能な限り協力するほか、派遣労働者と同種の業務に従事する甲の労働者に対する教育訓練等については、派遣労働者もその対象とするよう必要に応じた教育訓練に係る便宜を図るよう努めなければならない。
4 乙は、派遣業務を円滑に遂行するうえで有用な物品（たとえば安全衛生保護具など）の貸与や教育訓練の実施をはじめとする派遣労働者の福利厚生等の措置について、必要に応じ、甲に雇用され、派遣労働者と同種の業務に従事している労働者との均衡に配慮して、必要な就業上の措置を講ずるよう努めなければならない。
　また、甲は、乙の求めに応じ、派遣労働者と同種の業務に従事している労働者等の福利厚生等の実状を把握するために必要な情報を乙に提供する等の協力に努める。
5 甲の派遣労働者に対する派遣業務遂行上の指揮命令は、労働者派遣契約に定める甲の就業に関する指揮命令者が行なうものとし、当該指揮命令者が不在の場合の代行命令者についても、派遣労働者にあらかじめ明示しておくよう努めるものとする。

> 派遣労働者に対しても、安全配慮義務が課されています。

（安全衛生等）
第12条　甲および乙は、労働基準法、労働安全衛生法等に定める規定を遵守し、派遣労働者の適正な労働条件、安全衛生の確保に努めるものとする。
2　甲は、乙から派遣労働者に係る雇入れ時の安全衛生教育の委託の申入れがあった場合には、可能な限りこれに応じるよう努める等、派遣労働者の安全衛生教育に必要な協力や配慮を行なうものとする。
3　甲は、労働安全衛生法に基づき、派遣労働者の危険または健康障害を防止するための措置を講ずるとともに、派遣労働者の安全衛生管理につき適切な管理を行なうものとする。乙は、甲の行なう安全衛生管理に協力し、派遣労働者に対する教育・指導等を怠らないように努める。
4　万一、乙の派遣労働者について派遣中に労働災害が発生した場合については、甲は、乙にただちに連絡して対応するとともに、労働者死傷病報告書の提出については、甲乙それぞれが所轄労働基準監督署長に提出するものとする。なお、甲は、所轄労働基準監督署長に提出した報告書の写しを乙に送付しなければならない。

> 派遣労働者の交替は、慎重に対応する必要があるので、キチンと明記しておきます。

（派遣労働者の交替等）
第13条　派遣労働者が就業するにあたり、遵守すべき甲の業務処理方法、就業規則等に従わない場合、または業務処理の能率が著しく低く労働者派遣の目的を達しない場合には、甲は乙にその理由を示し、派遣労働者への指導、改善、派遣労働者の交替等の適切な措置を要請することができる。
2　乙は、前項の要請があった場合には、当該派遣労働者への指導、改善、派遣労働者の交替等適切な措置を講ずるものとする。
3　派遣労働者の傷病その他、やむを得ない理由がある場合には、乙は甲に通知して、派遣労働者を交替させることができる。

（業務上災害等）
第14条　派遣就業に伴う派遣労働者の業務上災害については、乙が労働基準法に定める使用者の災害補償責任ならびに労働者災害補償保険法（以下「労災保険法」という）に定める事業主の責任を負う。通勤災害については、乙の加入する労災保険法により派遣労働者は給付を受ける。

2　甲は、乙の行なう労災保険の申請手続等について必要な協力をしなければならない。

> 派遣料金の決定・計算・支払方法などは不確定要素であるため、契約のつど、業務内容に応じて個別契約で定めます。

（派遣料金）
第15条　甲は、乙に対し、労働者派遣に対する対価として派遣料金（消費税は別途）を支払う。派遣料金は個別契約締結のつど、業務内容等により、甲乙協議のうえ定める。
2　割増し派遣料金、派遣料金の支払方法等については甲乙間で協議のうえ別途定める。
3　個別契約の期間中でも業務内容の著しい変更等により、甲乙間で協議のうえ派遣料金の改定をすることができる。
4　甲の従業員のストライキ、その他甲の責に帰すべき事由により、派遣労働者の業務遂行ができなくなった場合には、乙は債務不履行の責を負わず甲に派遣料金を請求することができる。
5　派遣労働者の派遣業務への遅刻・欠勤等による不就労については、乙は、その時間分の派遣料金を甲に請求できない。

> 有休を取得しやすいように、派遣元・派遣先双方の協力が必要です。

（年次有給休暇）
第16条　乙は、派遣労働者から年次有給休暇の申請があった場合には、原則として、甲へ事前に通知するものとする。
2　甲は、派遣労働者の年次有給休暇の取得に協力するものとする。ただし、通知された日の取得が業務の正常な運営に支障をきたすときは、甲は乙にその具体的な事情を明示して、乙が当該派遣労働者に対し取得予定日を変更するよう依頼することまたは必要な代替者の派遣を要求することができる。

（派遣労働者等の個人情報の保護と適正な取扱い）
第17条　乙が甲に提供することができる派遣労働者の個人情報は、労働者派遣法第35条および同法施行規則の規定により派遣先に通知すべき事項のほか、当該派遣労働者の業務遂行能力に関する情報に限るものとする。ただ

し、利用目的を示して当該派遣労働者の同意を得た場合および紹介予定派遣において法令上許されている範囲または他の法律に定めのある場合は、この限りではない。
2　甲および乙は、業務上知り得た派遣労働者の個人情報および関係者の個人情報および個人の秘密を正当な理由なく他に漏らし、または開示する等してはならない。

> 派遣先で知り得た情報を他に漏らさない業務を確認することは、特に注意を要します。

（営業秘密および個人情報の守秘義務）
第18条　乙は、派遣業務の遂行により、知り得た甲および取引先その他関係先の業務に関する営業秘密について、不当に漏えいし、開示し、または不正に利用する等してはならず、派遣労働者にもそれを徹底、遵守させる責任を負う。
2　乙は、派遣業務の遂行により、知り得た甲の役員、従業員等および取引先その他関係者の個人情報について、不当に漏えいし、開示し、または不正に利用する等してはならず、派遣労働者にもそれを徹底、遵守させる責任を負う。
3　甲は派遣労働者に対し、前各項に定める甲等の営業秘密事項や個人情報の機密管理の教育を行ない、また、乙は、乙あてに派遣労働者から前各項に定める守秘義務の履行に関する誓約書を提出させ、甲の機密保持の確保を図るものとする。

> いわゆる内部告発したことを理由とする不利益な取扱いは禁止されています。

（公益通報者の保護）
第19条　甲および乙は、派遣労働者が公益通報者保護法に基づき公益通報対象事実等を通報したことを理由として、甲において個別契約の解除、派遣労働者の交替を求めること、その他不利益な取扱いをしてはならず、乙においては派遣労働者に対して解雇その他不利益な取扱いをしてはならない。

（知的所有権の帰属）
第20条　乙の派遣労働者が甲の派遣業務従事中に行なった職務発明、職務考案、職務意匠、職務著作（プログラムを含む）、その他の知的所有権は、す

べて甲に帰属し、甲の所有とする。
2　乙の派遣労働者が行なった発明が特許法第35条（準用されている実用新案法第11条、意匠法第15条を含む）の職務発明に該当する場合には、甲が特許（実用新案登録・意匠登録を含む）を受ける権利を当然承継し、この権利の帰属に伴う派遣労働者への補償金の取扱いも含めて甲の定める職務発明取扱規程に従うものとする。ただし、乙と派遣労働者間の取扱いについては、乙において定めるものとする。

> 派遣先による、いわゆる「中抜き」が起こらないように確認します。

（雇用の禁止）
第21条　甲は、個別契約期間中は乙の派遣労働者を雇用してはならない。
2　紹介予定派遣ではない労働者派遣の個別契約期間中に、甲が当該派遣労働者を雇い入れようとする場合には、労働者派遣法第40条の5の場合を除き、甲、乙および派遣労働者の三者の合意のもと、当該個別契約を解除し、新たに紹介予定派遣契約を締結することができるものとする。

（個別派遣契約期間満了の予告）
第22条　甲は、乙との個別契約の締結に際し、当該契約を更新する場合があり得るとした場合に、当該個別契約の更新を行なわないときには、個別契約の期間が満了する日の30日前までに、乙にその旨を通知するものとする。

> 派遣先と派遣労働者の双方に責任があるケースも散見されるので、損害賠償の負担割合を協議することを明記します。

（損害賠償）
第23条　派遣業務の遂行につき、派遣労働者が故意または重大な過失により甲に損害を与えた場合は、乙は甲に賠償責任を負うものとする。ただし、その損害が、指揮命令者その他甲が使用する者（以下、本条において「指揮命令者等」という）の派遣労働者に対する指揮命令等（必要な注意・指示をしなかった不作為を含む）により生じたと認められる場合は、この限りではない。
2　前項の場合において、その損害が、派遣労働者の故意または重大な過失と指揮命令者等の指揮命令等との双方に起因するときは、甲および乙は、協議して合理的に当該損害の負担割合を定めるものとする。

3　甲は、損害賠償請求に関しては、損害の発生を知った後、速やかに、乙に書面で通知するものとする。

> 特に、派遣受入期間の制限がある業務への対応は厳格な運用が求められます。

（雇用契約の申込み義務）
第24条　甲は、派遣受入期間の制限がない業務に継続して3年を超えて就業している同一の派遣労働者に対し、労働者派遣法第40条の5の規定に基づき新たに労働者を雇用するにあたって当該派遣労働者に対し雇用契約の申込みを行なう場合は、あらかじめ、乙にその旨を通知するものとする。
2　甲が、派遣受入期間の制限がない業務に継続して3年を超えて就業している同一の派遣労働者に対し、労働者派遣法第40条の5の規定に基づき雇用契約の申込みを行ない、当該派遣労働者との間で雇用契約が成立した場合においては、甲、乙および派遣労働者の三者の合意のもと、乙および派遣労働者は退職手続きをとらなければならない。
3　甲は、派遣受入期間に制限がある業務に抵触日を超えて派遣労働者の派遣を求めてはならず、乙は抵触日を超える派遣は行なわない。甲が抵触日以降も労働者派遣法第35条の2に規定する派遣停止通知を受けた派遣労働者を使用しようとして、甲に労働者派遣法第40条の4の規定に基づく雇用契約の申込み義務が生じた場合には、甲、乙協議のうえ対応するものとする。

> 合意解約が原則です。

（契約解除）
第25条　甲または乙は、相手方が正当な理由なく労働者派遣法その他の関係諸法令または本契約もしくは個別契約の定めに違反した場合には、是正を催告し、相当の期間内に是正がないときは、何らの通知催告を要せず、ただちに本契約および個別契約の全部または一部を解除することができる。
2　甲または乙は、相手方が次の各号の一に該当した場合には、何らの催告を要せず、将来に向かって本契約または個別契約を解除することができる。
　①　財産上の信用にかかわる仮差押え、差押え、強制執行または競売等の申立てがあったとき。
　②　民事再生、会社更生、会社整理、破産、特別清算手続き等の申立てがあったとき。

③　正当な理由なく公租公課を滞納して督促を受け、またはそのために差押えを受けたとき。
④　財産上の信用にかかわる担保権の実行があったとき。
⑤　支払いの停止があったとき。
⑥　手形交換所の取引停止処分があったとき。
⑦　法人を解散したとき。ただし、あらかじめ甲の書面による承諾を得た場合はこの限りではない。
⑧　労働者派遣法等関係諸法令に違反して、一般労働者派遣事業の許可を取り消され、もしくは事業停止命令を受け、またはその有効期間の更新ができなかったとき。
⑨　その他前各号に準ずる行為があったとき。
3　前2項に定めるもののほか、甲または乙が本契約または個別契約を解除する場合は、相手方の合意を得ることを要する。
4　本条に基づく解除については、損害賠償の請求を妨げないものとする。

> 中途解約はトラブルのもととなるので、特に注意を要します。

（派遣契約の中途解約、派遣就業期間の短縮の特例）
第26条　甲は、甲の責に帰すべき事由により個別契約期間が満了する前に個別契約の解除を行なおうとする場合には、派遣労働者の新たな就業機会の確保を図ることとする。ただし、紹介予定派遣の場合には、派遣労働者の意思を確認のうえ、派遣労働者の新たな就業機会の確保を図ることとする。
2　甲は、前項に定める派遣労働者の新たな就業機会の確保ができない場合には、個別契約の解除を行なおうとする日の少なくとも30日前に、乙にその旨を予告し、乙の同意を得なければならない。
3　甲は、派遣労働者の新たな就業機会の確保ができない場合で、甲が前項の予告をなした日（以下「予告日」という）から個別契約の解除の日（以下「解除日」という）までの期間が30日に満たない場合、解除日の30日前から予告日までの期間の日数分の派遣労働者の賃金に相当する額を損害賠償として乙に支払うものとする。
4　甲の解除が甲の責に帰すべき事由に基づく場合には、前項にかかわらず、甲は当該派遣契約が解除された日の翌日以降の残余期間の派遣料金に相当する額については賠償を行なわなければならない。
5　甲は、契約の解除を行なう場合であって、乙から請求があったときは、契

約の解除を行なう理由を乙に対し明らかにする。

> 有効期間と契約更新の手続きは明確にしておく必要があります。

(契約の有効期間)
第27条　本契約の有効期間は、契約締結日から1年間とする。ただし、本契約の期間満了の1か月前までに甲乙いずれからも契約終了の意思表示のない限り、本契約はさらに1年間延長され、以降も同様とする。
2　本契約が有効期間満了または解除により終了した場合といえども、すでに契約した個別契約については、別段の意思表示のない限り当該個別契約期間満了まで有効とし、それに関しては本契約の定めるところによる。

(協議事項)
第28条　本契約に定めのない事項および本契約の条項の解釈につき疑義を生じた事項については、労働者派遣法、その他の法令を尊重し、甲乙協議のうえ、円満に解決する。

　本契約締結の証として本書二通を作成し、甲乙記名捺印のうえ、各一通を保有する。

　　平成〇年□月△日

　　　　　　　　(甲)
　　　　　　　　　　東京都新宿区霞ヶ丘町15－2
　　　　　　　　　　株式会社　オーエムエス
　　　　　　　　　　　　代表取締役　福田　四郎　㊞

　　　　　　　　(乙)
　　　　　　　　　　東京都渋谷区神南3－8－12
　　　　　　　　　　株式会社　日実コーポレーション
　　　　　　　　　　　　代表取締役　佐藤　喜一　㊞

　　　　　　　(許可・届出受理番号　般13－123456)

Section 3-5 労働者派遣個別契約書のつくり方と記載事項

★個別契約の内容は労働者派遣法等によって規定されています。

個別契約書に織り込むべき契約内容

個別契約の内容は、労働者派遣法26条および厚生労働省令によって規定されており、労働者派遣の実施および派遣労働者の就業条件に係わる事項（下記参照）を定める必要があります。その際、派遣労働者の人数についても記載することになりますが、個別契約書に派遣労働者の氏名を記載してはいけないこととされています。

①派遣労働者が従事する業務の内容
②派遣労働者の就業場所
③派遣労働者を直接指揮する者
④労働者派遣の期間・就業日
⑤派遣就業の開始および終了の時刻ならびに休憩時間
⑥安全および衛生に関する事項
⑦苦情処理に関する事項
⑧労働者派遣契約解除にあたり派遣労働者の雇用の安定を図るために必要な措置に関する事項
⑨紹介予定派遣の場合は、紹介予定派遣に関する事項
⑩派遣元責任者および派遣先責任者に関する事項
⑪休日労働または時間外労働をさせる場合は、休日労働をさせる日または時間外労働時間数
⑫派遣労働者の福祉の増進のための便宜の供与に関する事項
⑬26業務以外の派遣受入期間の制限を受けない業務に関する事項

契約の更新については、派遣受入期間の制限を受ける業務の場合、その制限期間を超えて自動更新することはできないので注意が必要です。

なお、派遣先は、派遣受入期間に制限がある業務について、個別契約を締結する際にその抵触することとなる日を派遣元に通知しなければなりません。

58、59ページは、「労働者派遣個別契約書」のモデル例です。

◎個人契約書の記載上の注意点◎

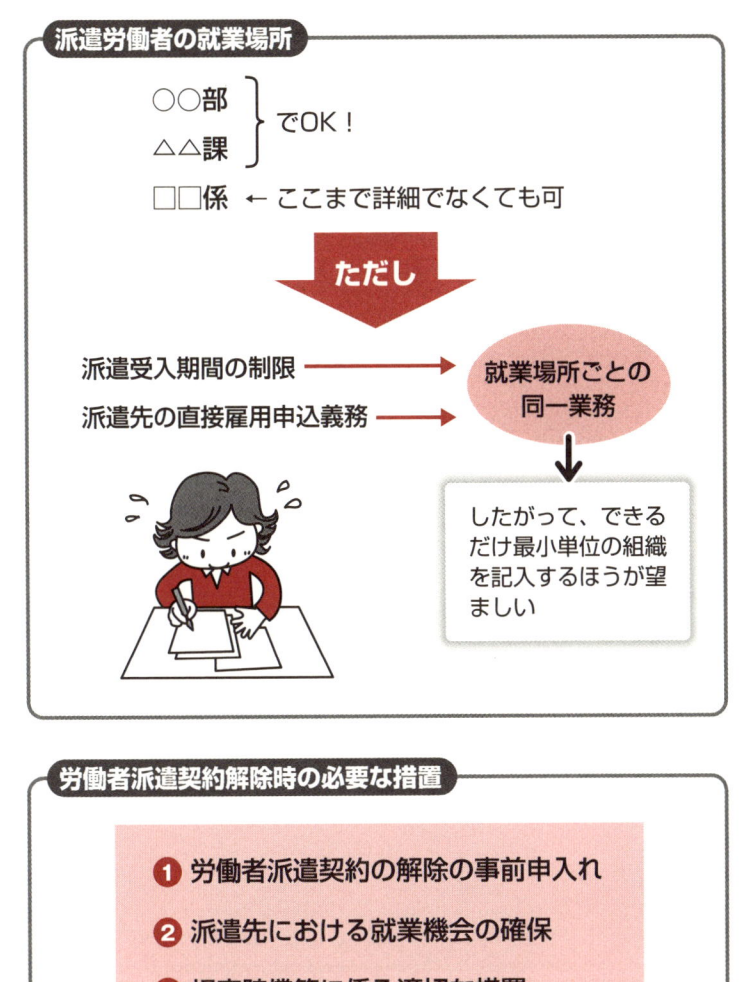

派遣労働者の就業場所

○○部
△△課 } でOK！

□□係 ← ここまで詳細でなくても可

▼ただし

派遣受入期間の制限 ⟶ **就業場所ごとの同一業務**

派遣先の直接雇用申込義務 ⟶

↓

したがって、できるだけ最小単位の組織を記入するほうが望ましい

労働者派遣契約解除時の必要な措置

❶ 労働者派遣契約の解除の事前申入れ
❷ 派遣先における就業機会の確保
❸ 損害賠償等に係る適切な措置
❹ 労働者派遣契約の解除理由の明示

↓

必ず規定化する！

3章 派遣を開始するとき・終了するときの実務知識

◎「労働者派遣個別契約書」のモデル例◎

労働者派遣個別契約書

平成○年□月△日

（派遣先）株式会社　オーエムエスと（派遣元）株式会社　日実コーポレーションとは、○年□月△日付　労働者派遣に関する基本契約書に基づき、次の内容で労働者派遣契約を定める。

派遣先	名　　　称	株式会社　オーエムエス
	所　在　地	東京都新宿区霞ヶ丘町15－2
	就業場所および部署	株式会社　オーエムエス　本社　経理部経理課 （03－○○○○－××××）
	指揮命令者	経理部経理課長　　神藤　和博　　　様　（03－○○○○－××××）
	派遣先責任者	総務部長　　　　　長野　由喜子　　様　（03－○○○○－××××）
	製造業務専門派遣先責任者	従事業務が製造業務の場合は「製造業務専門派遣先責任者」を選任
派遣元責任者		マネージャー　　　溝口　衛　　　　　　（03－○○○○－××××）
製造業務専門派遣元責任者		従事業務が製造業務の場合は「製造業務専門派遣元責任者」を選任
業　務　内　容		パソコンによる伝票入力業務。 作成すべき書類は、会計書類とする。この業務に従事するためには、1分間60ワード以上を操作できる程度の能力を必要とする。 なお、労働者派遣事業の適正な運営の確保及び派遣労働者の就業条件の整備等に関する法律施行令第4条第5号事務用機器操作に該当。 付随業務として、帳票を打ち出し、営業所の宛先別に仕分けする業務を行なう。 付随的業務として、営業所宛てに当該帳票の梱包、発送の業務を行なう。 また、繁忙期（3月後半）には、所属部署内の電話応対の業務あり。
派　遣　期　間		平成○年　4月　1日　～　平成×年　3月　31日 （派遣先が派遣受入期間の制限に抵触する日）平成　　年　　月　　日
就業日および就業時間		就業日　　　別添の派遣先休日カレンダーによる。 就業時間　　9時　00分　～　18時　00分 （うち休憩時間　　12時　00分　～　13時　00分）
時間外労働および休日労働		時間外労働（無・㊒）→（1日2時間、1か月45時間、1年360時間以内） 休日労働　　（無・㊒）→（1か月　1回まで） ただし、㈱オーエムエスの36協定による。

※26業務の場合は、当該業務の号番号を付す必要があります。

※派遣受入期間の制限を受ける業務の場合には記入します。

安 全・衛 生 福 利 厚 生 等		パソコン入力を連続して操作する時間は1時間までとする。1時間連続して操作したときは10分間の休憩を与える。 派遣労働者は派遣先の食堂、医務室、リクリエーション施設を使用することができる。
苦情の処理	派遣先申出先	総務部長　　　　長野　由喜子　　　様　(03-○○○○-××××)
	派遣元申出先	マネージャー　　　溝口　衛　　　　　　(03-○○○○-××××)
		派遣先または派遣元が苦情の申し出を受けたときは、派遣先責任者または派遣元責任者が中心となり、双方が連絡を密にし、当該苦情の適切かつ迅速な処置を図るものとし、その結果については必ず派遣労働者に通知するものとする。
派遣契約の解除		1．派遣先の都合による派遣契約中途解除は、その1か月前までに契約解除理由を明らかにしたうえで派遣元に文書で通知する。 2．派遣労働者の責に帰すべき事由以外の中途解除に際し、派遣先および派遣元は当該労働者の新たな就業機会の確保に努めるものとする。 3．1か月前までの予告がない場合は、30日分以上の派遣料金を損害賠償額とする。 4．派遣先の都合により派遣契約の契約期間が満了する前に派遣契約の解除を行なおうとする場合、派遣先は派遣元から請求があったときは派遣契約の解除を行なった理由を派遣元に対し書面で明示しなければならない。
派 遣 人 員		1名
料　　　金		基本単価　　2,000円　　　実働1名／1時間 超過勤務　　2,500円　　　実働1名／1時間 休日勤務　　2,700円　　　実働1名／1時間 深夜勤務　　2,500円　　　実働1名／1時間
支 払 方 法		派遣先は、下記派遣元が指定する金融機関に振り込むものとする。 ○○銀行　　□□支店　　普通　1234567 株式会社　日実コーポレーション　代表取締役　佐藤　喜一
特 約 事 項		派遣労働者は、就労にあたり、守秘義務契約書を提出するものとする。

苦情の対応が派遣先か派遣元かあいまいになりやすいので、双方が協力して解決を図る旨を規定します。

記載のポイントは、
①解約の事前申入れ
②就労機会の確保
③損害賠償の措置
④解約理由の明示

人数の記載は必要だが、氏名等を記入してはダメ！

以上、契約の証として本契約書2通を作成し、それぞれ署名捺印のうえ各1通を保有する。

　　　　　東京都新宿区霞ヶ丘町15-2　　　　　　　　東京都渋谷区神南3-8-12
　　（派遣先）株式会社　オーエムエス　　　　（派遣元）株式会社　日実コーポレーション
　　　　　代表取締役　　福田　四郎　　　　　　　　代表取締役　　佐藤　喜一

　　　　　　　　　　　（許可・届出番号　　　般13-123456）

Section 3-6 派遣労働者に対する労働条件の明示

★明示事項は、労働基準法で決められています。

絶対的明示事項と相対的明示事項

　派遣労働者は、就労先はさまざまでも、雇用されているのはあくまでも派遣元（人材派遣会社）です。したがって、派遣元はまず派遣労働者と労働契約を締結することとなります。

　労働基準法15条では、会社が労働者を雇い入れる際には、**労働条件**を明示することを求めており、明示の方法は、文書によらなければならない事項（**絶対的明示事項**）と、口頭で事足りる事項（**相対的明示事項**）に分けられています。

　労務トラブルは口約束に起因するものがほとんどなので、口頭でもかまわない事項も含めて書面で明示したほうが望ましいといえます。また、会社による一方的な労働条件の明示ではなく、労働者の記名押印された労働契約書という書式を活用したほうが労働者本人も明示された労働条件を承諾した、という証となりトラブルを未然に防ぐことができます。

明示条件と異なるときは労働者は即解約できる

　労働基準法で規定されている事項は必要最低限のレベルなので、ここでいう「労働条件」は労基法の水準以上でなければならず、これを下回る労働条件は労基法の水準へ引き上げられることになります。

　また、「明示された労働条件に納得して入社してみたら、労働条件がまるで違っていた」という場合は、労働者は労働契約を即時に解除することができます。さらに、就業するためにわざわざ転居したようなケースで、労働契約を解除した日から14日以内に帰郷する際には、使用者は必要な旅費を負担しなければなりません。

　派遣元にとって、派遣労働者は自社の社員である、という自覚が足りないと派遣労働者とのトラブルは常についてまわることになります。派遣労働者のモチベーション低下は派遣先でのサービス低下につながり、とても人材派遣どころではなくなってしまいます。

　こうした意識をもつことが、人材派遣業の成否を分ける第一歩であるといえるでしょう。

◎明示すべき労働条件◎

絶対的明示事項

【書面によらなければならない事項】

❶ 労働契約の期間

❷ 就業の場所・従事すべき業務

❸ 始業・終業の時刻、所定労働時間を超える労働(早出・残業等)の有無、休憩時間、休日および労働者を2組以上に分けて就業させる場合における就業時転換に関する事項

❹ 賃金の決定、計算・支払いの方法および賃金の締め切り・支払いの時期

❺ 退職に関する事項(解雇の事由を含みます)

【書面によらなくてもよい事項】

❻ 昇給に関する事項

相対的明示事項

❶ 退職手当の定めが適用される労働者の範囲、退職手当の決定、計算・支払いの方法および支払時期

❷ 臨時に支払われる賃金、賞与および最低賃金額に関する事項

❸ 労働者に負担させる食費、作業用品などに関する事項

❹ 安全・衛生

❺ 職業訓練

❻ 災害補償・業務外の傷病扶助

❼ 表彰・制裁

Section 3-7 派遣労働者に対する就業条件の明示

★明示事項は、労働者派遣法で決められています。

あらかじめ就業条件を明示しなければならない

　派遣元（人材派遣会社）が派遣先からの要請に応じて労働者派遣を行なおうとするときは、登録されているスタッフのなかから派遣労働者を選定して労働条件を明示し、その派遣労働者に対して、労働者派遣を行なうことや従事する業務などの**就業条件**などを、あらかじめ明示する必要があります。

　この場合、単に登録しているだけにすぎない段階では雇用関係はないので、労働条件・就業条件の明示は必要ありません。

　また、特定労働者派遣事業のように、一般労働者としてすでに雇い入れていた労働者を、新たに派遣労働者として派遣先会社へ派遣する場合にも、その労働者に対して、あらかじめ派遣する旨等を明示するとともに、本人の同意を得る必要があります。

　なお、労働者がこれを拒否したことをもって解雇などの差別的な取扱いをすることは禁止されています。

就業条件の明示は書面によるのが原則

　労働者を派遣しようとする場合には、労働条件と就業条件の2つの条件を、それぞれ書面によって明示することとなりますが、両者の間では重複する事項も少なくないため、「労働条件通知書兼就業条件明示書」とし、双方を統合した一枚の書式とすることもできます。実務では、むしろ統合された書式を使用することが多いようです。

　なお、この就業条件の明示は書面によることが義務づけられていますが、派遣労働者が希望すればファクシミリや電子メールで交付することもできます。緊急の必要があるために書面交付ができない場合は、書面以外の方法によることも可能とされていますが、派遣労働者が請求した場合や、派遣期間が1週間以上に及ぶ場合は、派遣開始後に改めて書面で交付する必要があります。

　また、派遣元は、派遣先から通知を受けた派遣受入期間の制限に抵触する日を派遣労働者に対しても文書で通知する必要があります。

◎明示すべき就業条件◎

❶ **従事する業務の内容**

❷ 従事する事業所の名称および所在地その他派遣**就業の場所**

❸ 就業中の派遣労働者を直接指揮命令する者に関する事項

❹ **派遣期間および派遣就業をする日**

❺ 派遣就業の開始および終了の時刻ならびに休憩時間

❻ 安全および衛生に関する事項

❼ 苦情の処理に関する事項

❽ 派遣契約の解除にあたって講ずる措置

❾ 紹介予定派遣に係るものである場合には、紹介予定派遣に関する事項

❿ 派遣先が派遣受入期間の制限に抵触することとなる最初の日

⓫ 派遣元責任者および派遣先責任者に関する事項

⓬ ❹の派遣就業日または❺の所定就業時間以外に就業させる日または延長時間

⓭ 派遣労働者の福祉の増進のための便宜の供与に関する事項

⓮ 派遣受入期間の制限を受けない業務に派遣する場合は次の事項
- 政令で定める専門26業務の場合は、政令の号番号の付番
- 事業の開始、転換、拡大、縮小または廃止の業務へ派遣する場合はその旨
- 日数限定業務に派遣する場合は、その旨、派遣先における1か月間の業務日数、派遣先の通常の労働者の1か月間の所定労働日数
- 産前産後、育児・介護休業等の代替要員として派遣する場合は、休業する労働者の氏名、業務、休業開始および終了予定日

※**太字**の箇所は、労働条件の書面明示と重複します。

なお、64、65ページに「就業条件明示書（兼）雇用契約書」のモデル例を掲載しておきましたので、参考にしてください。

◎「就業条件明示書(兼)雇用契約書」のモデル例◎

平成○年□月△日

就業条件明示書(兼)雇用契約書

甲	所在地	東京都渋谷区神南3-8-12
	会社名	株式会社 日実コーポレーション
	代表者	代表取締役 佐藤 喜一 (事業主印)
乙	住所	東京都文京区後楽1-15-61
	氏名	佐野 裕志 (本人印)

> 労働条件を明示するだけでなく、派遣労働者の記名押印をもらい、承諾の確認をとります。

株式会社 日実コーポレーション(以下「甲」と称す)は、佐野裕志(以下「乙」と称す)を、次の就業条件に基づき派遣労働者として雇用契約を締結します。

派遣先	名 称	株式会社 オーエムエス	
	就業部署	経理部経理課	
	所 在 地	東京都新宿区霞ヶ丘町15-2	TEL:03-○○○○-△△△△
	指揮命令者	経理部経理課長 神藤 和博	TEL:03-○○○○-△△△△
	責 任 者	総務部長 長野 由喜子	TEL:03-○○○○-△△△△
	苦情処理申出先	総務部長 長野 由喜子	TEL:03-○○○○-△△△△
派遣元	名 称	株式会社 日実コーポレーション	
	所 在 地	東京都渋谷区神南3-8-12	TEL:03-○○○○-△△△△
	責 任 者	マネージャー 溝口 衛	TEL:03-○○○○-△△△△
	苦情処理申出先	マネージャー 溝口 衛	TEL:03-○○○○-△△△△

> 指揮命令者は明確に。

派遣条件	業務内容	パソコンによる伝票入力業務。作成すべき書類は、会計書類とする。この業務に従事するためには、1分間60ワード以上を操作できる程度の能力を必要とする。なお、労働者派遣事業の適正な運営の確保及び派遣労働者の就業条件の整備等に関する法律施行令第4条第5号事務用機器操作に該当。付随業務として、帳票を打ち出し、営業所の宛先別に仕分けする業務を行なう。付随的業務として、営業所宛てに当該帳票の梱包、発送の業務を行なう。また、繁忙期(3月後半)には、所属部署内の電話応対の業務あり。
	派遣期間	平成○年 4月 1日 ~ 平成×年 3月 31日
	就業時間	(就業時間) 9時 00分 ~ 18時00 分 (休憩時間) 12時 00分 ~ 13時00 分
	就 業 日休 日	別添の派遣先休日カレンダーによる。

> 具体的かつ詳細に記入します。

> この2項目は派遣労働者の関心が高い。

時間外労働	時間外労働　（無／㊒）→（1日2時間、1か月45時間、1年360時間以内） 休日労働　　（無／㊒）→（1か月　1回まで） ただし、派遣元の36協定の定めによる。
休　暇	年次有給休暇は、雇入れ後6か月継続勤務し出勤率8割以上のときに10日。
安全衛生	パソコン入力を連続して操作する時間は1時間までとする。1時間連続して操作したときは10分間の休憩を与える。
派遣契約解除の措置	1．甲が派遣先の都合による派遣契約中途解除を行なう場合は、その1か月前までに契約解除理由を明らかにしたうえで派遣元に文書で通知する。 2．乙の責に帰すべき事由以外の中途解除に際し、甲および派遣先は乙の新たな就業機会の確保に努めるものとする。 3．派遣期間が満了する前に契約解除を行なう場合、乙から請求があったときは甲はその理由を書面で明示することとする。 4．乙が契約期間の途中で契約解除を行なう場合は、少なくとも60日前には甲に申し出るものとする。
福利厚生等	派遣先の食堂、医務室、リクリエーション施設を使用することができる。
苦情処理に関する事項	乙から苦情の申し出があった場合、甲および派遣先で連絡・協議し、遅滞のないよう誠実に対応するよう努める。そして、その結果について必ず乙に通知することとする。
賃　金	基本給　　　　　1,200円／1時間 通勤手当　　　　無 時間外労働　　　125% 法定外休日労働　125% 法定休日労働　　135% 深夜労働　　　　125%
賃金の締切日および支払日	毎月15日締切 当月末日支払
退　職	1．定年は60歳とする。 　　ただし、本人が継続勤務を希望し、労使協定に定める基準を満たしたときは65歳まで再雇用する。 2．乙の都合により退職を希望する場合には、少なくとも3か月以上前に申し出ること。 3．甲が乙を解雇する場合は、就業規則第○条に規定する手続きによるものとする。
紹介予定派遣	
特記事項	派遣労働者は、就労にあたり、守秘義務契約書を提出するものとする。

> 36協定の範囲内であることを確認します。

> 契約解除の手続きや取扱いを具体的に記入します。

> 労働基準法で定める割増率以上であることが必要です。

Section 3-8 海外への労働者派遣の取扱い

★派遣元は海外派遣届出書を労働局に提出します。

海外派遣と海外出張の違い

　昨今では海外へ労働者を派遣する、いわゆる「海外派遣」を行なうケースも少なくありません。

　ここでいう「海外派遣」には、海外の事業所などで指揮命令を受けて派遣就業させることを目的とするもののうち、海外の法人または個人はもちろん、日本国内の法人または個人の海外支店などにおいて派遣就業させるときもこれに該当します。

　ただし、派遣就業の場所が一時的に国外となる場合であったとしても、おもに指揮命令を行なう者が日本国内にいて、その業務が国内にある事業所の責任により行なわれているような、いわゆる「出張」などは海外派遣には該当しません。

派遣先が講ずべき措置が定められている

　海外派遣の場合、派遣先では日本国内の法律が適用されないため、派遣労働者の適正な就業の確保が難しくなります。労働者派遣法では、海外へ派遣される労働者の保護を目的として、派遣元に対して事前に「海外派遣届出書」を所轄労働局に届け出るよう定めています。

　この届出に際しては、右ページ下にあるような「派遣先が講ずべき措置」が定められており、その書面の写しを添付することとされています。

　また、派遣元は、海外派遣契約の締結に際して、国内の派遣契約に定めるべき事項のほか、「派遣先が講ずべき措置」を書面（または電子メール、ファクシミリ）に記載して必ず派遣先に交付しなければなりません。

　派遣先がこの派遣契約の定めに違反した場合には、その契約について債務不履行となり、派遣元はその履行を派遣先に求めることができるとともに、そのことを理由に労働者派遣契約を解除することもできます。

◎海外への労働者派遣のしくみ◎

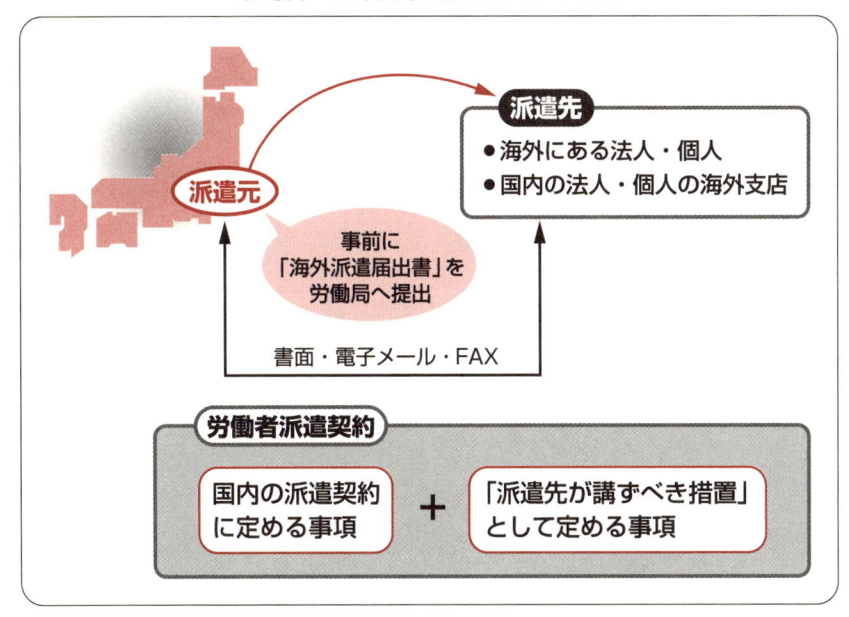

派遣先
- 海外にある法人・個人
- 国内の法人・個人の海外支店

派遣元

事前に「海外派遣届出書」を労働局へ提出

書面・電子メール・FAX

労働者派遣契約

国内の派遣契約に定める事項 ＋ 「派遣先が講ずべき措置」として定める事項

◎派遣先が講ずべき措置として定めるべき事項◎

❶ 派遣先責任者を選任すること
❷ 派遣先管理台帳の作成、記載および通知を行なうこと
❸ 派遣労働者に関する派遣契約の定めに反することのないように適切な措置を講ずること
❹ 派遣労働者の派遣先における就業に伴って生ずる苦情等について、派遣元事業主に通知し、その適切かつ迅速な処理を図ること
❺ 疾病、負傷などの場合における療養の実施その他派遣労働者の福祉の増進に係る必要な援助を行なうこと
❻ その他派遣就業が適正に行なわれるため必要な措置を行なうこと
❼ 派遣期間の制限に抵触することとなる最初の日の通知を行なうこと（中高年齢臨時特例措置を含む）
❽ 派遣受入期間に制限のある業務に引き続き1年以上派遣した場合の雇用に関する措置
❾ 派遣受入期間に制限のある業務にその期間を超えて引き続き派遣した場合の雇用契約の申込みに関する措置
❿ 専門26業務に3年を超えて引き続き派遣した場合の雇用契約の申込みに関する措置

Section 3-9 派遣開始の際に必要な派遣元責任者の選任

★派遣労働者100人につき1名の責任者が必要となります。

「派遣元責任者」選任の必要性と人数

　派遣労働者は、雇用関係にある派遣元ではなく、目の行き届かない派遣先において就労するため、適正な雇用管理が確保されない恐れが生じます。そのため、労働者派遣法では、派遣労働者の雇用管理上の責任者を明確にすることを目的に、「派遣元責任者」を選任しなければならないこととしています。

　派遣元責任者は、派遣元会社ごとに、自社で雇用する労働者のなかから事業所に専属の者を選任する必要があります。この「専属」とは、他の事業所の派遣元責任者と兼任しないという意味で、その業務のみを行なうという意味ではありません。また、派遣元責任者は役員（監査役を除く）のなかからも選ぶことができます。

　選任する人数は、その事業所の派遣労働者の数1人以上100人以下につき1人以上ずつとなっています。

　さらに、物の製造業務については、労働災害の発生リスクが大きいため、派遣労働者1人以上100人以下につき1人の割合で「**製造業務専門派遣元責任者**」を選任し、物の製造の業務に従事する派遣労働者専門に担当させなければなりません。また、100人を超え200人以下の場合は、2人以上の選任が必要で、以降同様に100人につき1人以上追加しなければなりません。ただし、そのうち1人は、物の製造の業務以外と兼務してもかまいません。

派遣元責任者講習の受講が必要に

　一般労働者派遣事業では、許可申請を行なう際の要件として、派遣元責任者には派遣元責任者講習の受講（5年以内）を義務づけています。また、選任された後でも、労働者派遣事業に関する知識、理解を一定の水準に保つため、在任中は5年ごとに派遣元責任者講習を受講することとされています。一方の特定労働者派遣事業では、派遣元責任者講習の受講までの義務は課せられていませんが、派遣元責任者は可能なかぎり受講するものとされています。

◎「派遣元責任者」の職務と人数◎

派遣元責任者の職務

❶ 派遣労働者であることの明示等
❷ 就業条件の明示
❸ 派遣先への通知
❹ 派遣先および派遣労働者に対する派遣停止の通知
❺ 派遣元管理台帳の作成、記載および保存
❻ 派遣労働者に対する必要な助言および指導の実施
❼ 派遣労働者から申し出を受けた苦情の処理
❽ 派遣先との連絡・調整
❾ 派遣労働者の個人情報の管理
❿ 安全衛生

選任の人数

派遣労働者		派遣元責任者
1人〜100人	→	1人以上
101人〜200人	→	2人以上
以降100人ごとに	→	1人以上ずつ選任

　派遣元責任者の職務は、派遣労働者の雇用管理全般にわたり、また、派遣先との連絡・調整役として重要な役割を果たすことになります。

Section 3-10 派遣元管理台帳の作成と記載事項

★派遣開始の際に派遣元は管理台帳を作成しなければなりません。

労働者名簿等といっしょに作成してもOK

　派遣元会社は、派遣就業を行なう際に、「派遣元管理台帳」を作成して、派遣労働者ごとに決められた事項を記載しなければなりません。

　この派遣元管理台帳は、派遣元会社の事業所ごとに作成し、派遣終了日から起算して3年間保存する必要があります。とりわけ、一般労働者派遣事業の派遣元の場合は、派遣労働者の雇用管理が円滑に行なわれるよう、派遣労働者を常時雇用される者とそれ以外の者に分けて作成しなければなりません。

　また、労働基準法では労働者名簿や賃金台帳の作成が義務づけられていますが、派遣元は、これらと派遣元管理台帳とをあわせて作成することが認められています。

　なお、記載しなければならない事項は以下のとおりです。

①派遣労働者の氏名
②派遣先の氏名または名称
③派遣先の事業所の名称
④派遣先の事業所の所在地その他派遣就業の場所
⑤労働者派遣の期間および派遣就業をする日
⑥始業および終業の時刻
⑦従事する業務の種類
⑧派遣労働者から申し出を受けた苦情の処理に関する事項
⑨紹介予定派遣に関する事項
⑩派遣元責任者および派遣先責任者に関する事項
⑪上記⑤の所定就業日または⑥の所定就業時間以上に就業させる日数または延長時間数
⑫派遣受入期間の制限を受けない業務について行なう労働者派遣に関する事項
⑬派遣労働者の健康保険、厚生年金保険および雇用保険の被保険者資格取得届の提出の有無

◎「派遣元管理台帳」のモデル例◎

各事項については労働条件通知書や就業条件明示書とリンクさせます。

派遣元管理台帳

派遣労働者氏名	佐野　裕志
派遣先の名称	株式会社　オーエムエス
派遣先の事業所の名称	株式会社　オーエムエス
就業の場所	経理課 東京都新宿区霞ヶ丘町15-2　　（TEL：03-○○○○-△△△△）
業務の種類	パソコンによる伝票入力業務。 作成すべき書類は、会計書類とする。この業務に従事するためには、1分間60ワード以上を操作できる程度の能力を必要とする。 なお、労働者派遣事業の適正な運営の確保及び派遣労働者の就業条件の整備等に関する法律施行令第4条第5号事務用機器操作に該当。 付随業務として、帳票を打ち出し、営業所の宛先別に仕分けする業務を行なう。 付随的業務として、営業所宛てに当該帳票の梱包、発送の業務を行なう。 また、繁忙期（3月後半）には、所属部署内の電話応対の業務あり。
派遣元責任者	マネージャー　　溝口　衛　　（TEL：03-○○○○-△△△△）
派遣先責任者	総務部長　　長野　由喜子　　（TEL：03-○○○○-△△△△）
就業期間	平成○年　4月　1日　～　平成×年　3月　31日
就業する日	別添派遣先休日カレンダーによる。
就業時間	（就業時間）　　　9時　00分　～　18時　00分 （休憩時間）　　12時　00分　～　13時　00分
時間外・休日就労	時間外就労　1日2時間、1か月45時間、1年360時間以内 休日就労　　1か月　1回まで
就業状況	○月○日（月）　　2時間の就業時間外の労働 ×月×日（水）　　カゼにより欠勤
派遣労働者からの苦情処理状況	申出を受けた日：△月△日（火） 【苦情内容、処理状況】 派遣先において社員食堂の利用に関して便宜が図られていないとの苦情。法の趣旨を説明し、以後、派遣先の他の労働者と同様に、派遣先内の施設が利用できるよう申入れる。
派遣労働者の社会保険・雇用保険の被保険者資格取得届の提出の有無	雇用保険　　：有 健康保険　　：有 厚生年金保険：有	紹介予定派遣に関する事項

Section 3-11 派遣開始の際の派遣元から派遣先への通知

★派遣元はどんな人を派遣するのか通知しなければなりません。

なぜ派遣元から派遣先への通知が必要になるのか

　労働者派遣事業では、基本契約と個別契約に基づいて労働者を派遣することになりますが、派遣労働者を派遣先にいつ、どのように派遣するかは派遣元会社の決定に委ねられ、派遣先は、派遣元が定めた派遣労働者を就業条件に従って就業させることとなります。

　しかし、派遣元と派遣先との間で締結された労働者派遣契約においては、就業条件と派遣労働者の人数は定められるものの、実際の派遣就業にあたっては、具体的にどのような派遣労働者が派遣され、かつ、どのような就業条件で派遣労働者を就業させることができるのかまでは言及されていません。

　そのため、労働者派遣契約の適正な履行を確保する観点から、派遣元会社から派遣先に対して、派遣する派遣労働者の氏名のほか、就業条件と労働者派遣契約に定めた就業条件の関係を明確にするなど、**派遣先における適正な派遣労働者の雇用管理を確保するために必要な情報**を通知することになっています。

通知の方法と期限

　この派遣元から派遣先への通知は、書面の交付もしくはファクシミリや電子メールの送信により行なわなければなりませんが、緊急の必要がある場合には口頭でもかまいません。

　この場合、労働者派遣契約に関する就業条件の組み合わせが複数あり、派遣期間が2週間を超えるようなときは、労働者派遣の開始後、遅滞なく、その事項について書面の交付もしくはファクシミリや電子メールの送信を行なう必要があります。

　なお、派遣開始後、加入手続き中の派遣労働者について健康保険・厚生年金や雇用保険の被保険者資格取得届が提出されたときも、派遣元はその旨を派遣先に通知するものとされています。

◎派遣元から派遣先へ通知すべきこと◎

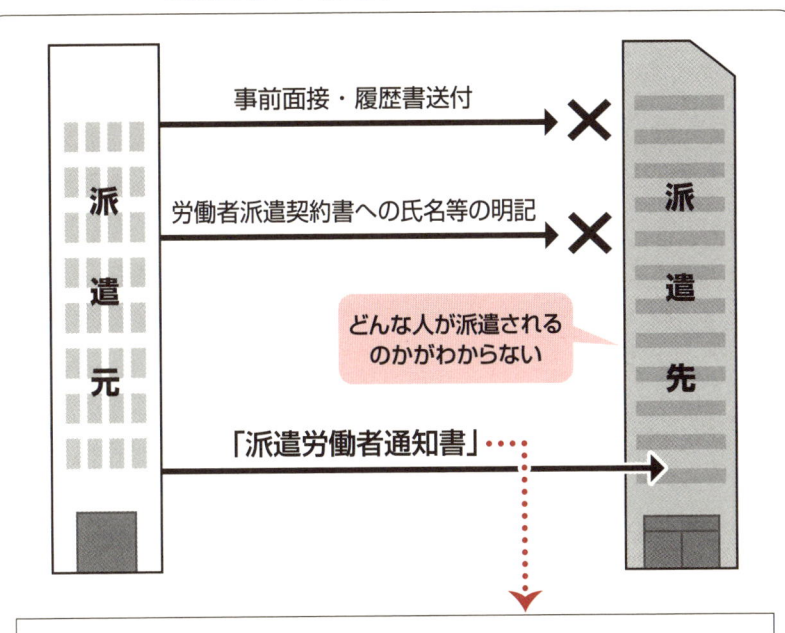

派遣元 → 事前面接・履歴書送付 → × ← 派遣先

派遣元 → 労働者派遣契約書への氏名等の明記 → × ← 派遣先

> どんな人が派遣されるのかがわからない

派遣元 →「派遣労働者通知書」→ 派遣先

派遣労働者通知書

平成○年□月△日
株式会社　オーエムエス　殿

　　　　　　　　事業所所在地　東京都渋谷区神南3-8-12
　　　　　　　　事業所名称　　株式会社　日実コーポレーション
　　　　　　　　代表者　　　　代表取締役　佐藤　喜一　㊞

平成○年□月△日付け労働者派遣契約に基づき次の者を派遣します。

◎派遣期間　平成○年　4月　1日から平成□年　3月31日
◎派遣労働者の氏名等

派遣対象業務	氏　名	性別	就業時間	社会保険等加入の資格取得届の提出の有無		
				健康保険	厚生年金	雇用保険
A業務	佐野　裕志	男	9時から17時まで	有	有	有
B業務	土屋　信彦	男	13時から17時まで	無 (資格なし)	無 (資格なし)	有
C業務	岸田　亜矢子	女	9時から17時まで	無 (取得手続中)	無 (取得手続中)	無 (取得手続中)

> 45歳以上である場合は、その旨、18際未満であるときは年齢を記入。

> 「無」の場合はその具体的理由を明記。

Section 3-12 派遣開始の際に必要な派遣先責任者の選任

★派遣労働者100人につき1名の責任者が必要となります。

「派遣先責任者」選任の必要性と人数

　派遣元会社が派遣元責任者を選任するように、派遣労働者を受け入れる派遣先会社でも「派遣先責任者」を選任する必要があります。

　この派遣先責任者は、事業所ごとに、派遣先が自社で雇用している労働者のなかから、専属の派遣先責任者として選任することになります。ここでいう、「専属」とは、派遣先責任者の業務のみを行なうということではなく、他の事業所の派遣先責任者と兼任しないという意味です。また、監査役を除く法人の役員なども派遣先責任者となることは可能です。

　選任する人数は、その事業所で受け入れる派遣労働者の数が1人以上100人以下につき1人以上ずつとなっています。ただし、派遣労働者の数とその派遣先が雇用している労働者の数を合算した数が5人以下であるときは、選任する必要はありません。

　さらに、物の製造業務については、労働災害の発生リスクが大きいことから、派遣労働者が50人を超える事業所では、物の製造業務に従事する派遣労働者が100人につき1人以上の「製造業務専門派遣先責任者」を選任しなければなりません。したがって、物の製造業務に従事する派遣労働者が50人以下の場合は、製造業務専門派遣先責任者を選任する必要はないことになります。

　なお、製造業務専門派遣先責任者が2人以上いる場合には、そのうち1人は、物の製造の業務以外の派遣先責任者とあわせて担当することもできます。

派遣元責任者のような講習は必要なし

　派遣先責任者には、特に責任者講習のようなものはなく、また必要な資格などもありません。ただし、派遣労働者の雇用管理全般を任されるわけなので、人事・労務管理などに精通した人事部長や総務部長などが適任といえるでしょう。

◎「派遣先責任者」の職務と人数◎

派遣先責任者の職務

❶ 派遣労働者に指揮命令する者（派遣労働者を直接指揮命令する者だけでなく、派遣労働者の就業のあり方を左右する地位に立つ者はすべて含む）その他の関係者に対し、法令等の規定、労働者派遣契約の定め、派遣労働者に関する派遣元からの通知を周知すること

❷ 派遣受入期間の変更通知

❸ 派遣先管理台帳の作成、記録、保存および記載事項の通知

❹ 派遣労働者から申し出を受けた苦情処理

❺ 安全衛生

❻ 派遣元との連絡・調整

選任の数

派遣労働者	派遣先責任者
1人〜100人	1人以上
101人〜200人	2人以上
以降100人ごとに	1人以上ずつ選任

3章 派遣を開始するとき・終了するときの実務知識

Section 3-13 派遣先管理台帳の作成と記載事項

★派遣開始の際に派遣先は管理台帳を作成しなければなりません。

社員＋派遣社員が5名以下なら作成不要

　派遣先は、派遣労働者の適正な雇用管理を実現するために、「派遣先管理台帳」を作成し、就業実態を把握、記録しなければなりません。

　この派遣先管理台帳は、派遣労働者が就労する事業所等ごとに作成することが必要で、労働者派遣が行なわれるつど記録することが求められています。ただし、受け入れた派遣労働者の数と派遣先に雇用されている他の労働者の数を合算した数が5人以下のときは、派遣先管理台帳を作成および記載する必要はありません。

　派遣先管理台帳には、次の事項を記載し、派遣終了の日から起算して3年間保存しなければなりません。

①派遣労働者の氏名
②派遣元の名称
③派遣元の事業所の名称
④派遣元の事業所の所在地
⑤派遣就業をした日
⑥派遣就業をした日ごとの始業・終業時刻、休憩時間
⑦従事した業務の種類
⑧派遣先の事業所の名称、所在地、その他派遣就業した場所
⑨派遣労働者から申し出を受けた苦情の処理に関する事項
⑩紹介予定派遣に関する事項
⑪派遣先責任者および派遣元責任者に関する事項
⑫派遣業務が派遣受入期間の制限の除外業務である場合は、派遣受入期間の制限を受けない業務について行なう労働者派遣に関する事項
⑬派遣労働者の健康保険、厚生年金保険および雇用保険の被保険者資格取得届の提出の有無

　なお、上記のうち、①派遣労働者の氏名、⑤派遣就業した日、⑥派遣就業日ごとの始業・終業時刻、休憩時間、⑦派遣した業務の種類、⑧派遣先の事業所の名称、所在地、その他派遣就業した場所を、1か月に1回以上、期日を決めて書面（または、電子メール、ファクシミリ）で派

◎「派遣先管理台帳」のモデル例◎

派 遣 先 管 理 台 帳

派遣労働者氏名	佐野　裕志
派遣元の名称	株式会社　日実コーポレーション
派遣元の事業所の名称	株式会社　日実コーポレーション
派遣元の事業所の所在地	東京都渋谷区神南3-8-12　　　　（TEL：03-○○○○-△△△△）
業務の種類	パソコンによる伝票入力業務。 作成すべき書類は、会計書類とする。この業務に従事するためには、1分間60ワード以上を操作できる程度の能力を必要とする。 なお、労働者派遣事業の適正な運営の確保及び派遣労働者の就業条件の整備等に関する法律施行令第4条第5号事務用機器操作に該当。 付随業務として、帳票を打ち出し、営業所の宛先別に仕分けする業務を行なう。 付随的業務として、営業所宛てに当該帳票の梱包、発送の業務を行なう。 また、繁忙期（3月後半）には、所属部署内の電話応対の業務あり。
派遣先責任者	総務部長　　　　長野　由喜子　　（TEL：03-○○○○-△△△△）
派遣元責任者	マネージャー　　溝口　衛　　　　（TEL：03-○○○○-△△△△）
就業期間	平成○年　4月　1日　～　平成×年　3月　31日
就業する日	別添派遣先休日カレンダーによる。
就業時間	（就業時間）　　9時　00分　～　18時　00分 （休憩時間）　12時　00分　～　13時　00分
就業状況	○月○日（月）　　2時間の就業時間外の労働 ×月×日（水）　　カゼにより欠勤
派遣労働者からの苦情処理状況	申出を受けた日：△月△日（火） 【苦情内容、処理状況】 弊社社員食堂の利用に関して便宜が図られていないとの苦情。法の趣旨を説明し、以後、弊社の他の労働者と同様に、弊社内の施設が利用できるよう申入れ。
派遣労働者の社会保険・雇用保険の被保険者資格取得届の提出の有無	雇用保険　　：有 健康保険　　：有 厚生年金保険：有	紹介予定派遣に関する事項	

遣元に通知することが義務づけられています。

Section 3-14 派遣開始の際の派遣先から派遣元への通知

★派遣受入期間の制限に抵触する日を通知しなければなりません。

なぜ派遣先から派遣元への通知が必要になるのか

　派遣先が一般的業務である場合、派遣元は派遣受入期間の制限に抵触する日を超えて継続して労働者を派遣することはできません。

　この派遣受入期間の制限は、同じ派遣先事業所その他就業の場所ごとに同じ業務に派遣する場合に適用になりますので、派遣期間の途中で派遣労働者を交替しても、あるいは、派遣元を変更したとしても期間は継続することになります。

　しかし、派遣元サイドからしてみると、その派遣先がその業務に以前より他の派遣元会社を通じて、すでに派遣が行なわれていたかどうかは知る由もありません。つまり、派遣元が誤って派遣受入期間の制限に抵触する日を超えて労働者を派遣してしまうリスクがあるわけです。したがって、こうした過誤を防ぐためには、**派遣先はあらかじめ抵触する日を派遣元に伝えておく必要がある**わけです。

派遣先からの通知がないと派遣元は労働者派遣を行なえない

　労働者派遣法では、一般的業務について、派遣先が派遣元から新たな労働者派遣契約に基づく派遣労働者を受け入れようとするときは、あらかじめ、当該派遣元事業主に対して労働者派遣が開始される日から派遣受入期間の制限に抵触する最初の日を通知しなければならない旨定めています。

　派遣元は、派遣先からそうした通知がないときは、労働者派遣契約を締結することはできません。また、派遣先は、労働者派遣契約の締結後に、労働者派遣の業務の期間を定め、またはこれを変更したときは、速やかに派遣元に対し、その業務について派遣受入期間の制限に抵触することとなる最初の日を通知しなければならないことになっています。

　なお、この派遣先から派遣元への通知については、書面の交付のほか、ファクシミリや電子メールを送信することにより行なわなければなりません。

◎派遣先から派遣元へ通知すべきこと◎

派遣受入期間の制限が1年の場合

派遣元：「他の派遣会社（派遣元）からも派遣が行なわれているかも…。いつ抵触するかわからないなぁ…。」

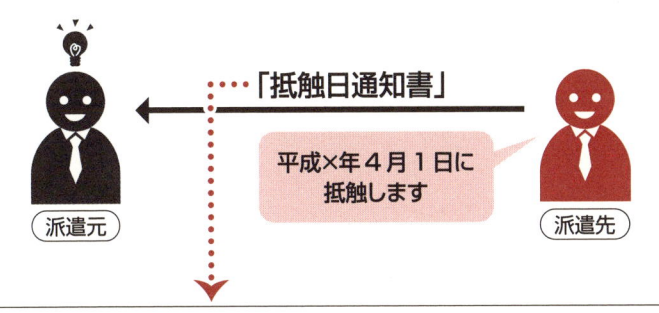

派遣先 →「抵触日通知書」→ 派遣元

派遣先：「平成×年4月1日に抵触します」

平成〇年□月△日

株式会社　オーエムエス　殿

　　　　　　　　　　　　株式会社　日実コーポレーション
　　　　　　　　　　　　代表取締役　佐藤　喜一

抵触日通知書

　今般、貴事業所より労働者派遣の役務の提供を受ける予定としているところですが、派遣受入期間の制限のある業務であるため、労働者派遣法第26条第5項に基づく抵触日の通知を下記のとおり行ないます。

　　　　　　　　　　　　記

- 就業場所　　　　　　　東京都新宿区霞ヶ丘町15－2
　　　　　　　　　　　　株式会社　オーエムエス　総務部経理課
- 業　　務　　　　　　　日本語ワードプロセッサー業務
- 派遣受入開始予定日　　平成　〇年　4月　1日
- 派遣受入期間制限抵触日　平成　×年　4月　1日

　　　　　　　　　　　　　　　　　　　　　　　　以上

3章　派遣を開始するとき・終了するときの実務知識

Section 3-15 トラブル等の苦情への対応のしかた

★苦情処理の対応については労働者派遣法で規定されています。

苦情処理がキチンとできるかどうかは最重要事項

　労働者派遣には、トラブルが生じるケースが少なくありません。その事例としてよくあるのが、労働者派遣契約上の業務と実際に従事する業務との相違、中途解約、職場の人間関係、仕事のミスマッチなどの派遣労働者からの苦情です。これらの苦情の原因は、派遣先、派遣元、さらには派遣労働者自身のいずれか、または双方にあります。

　このような苦情に対し、派遣元と派遣先が協力してキチンと対応し、処理できるかどうかは、適正な労働者派遣を十分に活用するために最も重要な事項です。こうしたことから、労働者派遣法では苦情処理への対処について規定されています。

苦情は派遣元、派遣先の管理台帳に記載しておくこと

　まず、派遣就業を開始する前には、**苦情処理の方法**を決定し、それを派遣契約に定めて、派遣労働者に対し「就業条件明示書」を交付しなければなりません。派遣労働者が苦情を申し出たい場合にどうすればよいのかを、あらかじめ通知しておくわけです。

　また、**苦情処理を担当する責任者**を明確にしておくことも必要です。派遣元には派遣元責任者を、派遣先には派遣先責任者を選任する義務が課せられており、苦情処理の実施責任者として、派遣労働者の苦情申し出の窓口とならなければなりません。

　実際に苦情が発生してしまった場合について、労働者派遣法では、「派遣先事業主は、苦情の内容を派遣元事業主に通知するとともに、派遣元事業主との密接な連携のもとに、誠意をもって、遅滞なく、苦情の適切かつ迅速な処理を図らなければならない」と規定しています。また、こうした苦情は、派遣元管理台帳および派遣先管理台帳に記載しなければなりません。

　なお、派遣元および派遣先は、派遣労働者から苦情の申し出を受けたことで、その労働者に対して不利益な取扱いをしてはならないことになっています。

◎労働者派遣法の苦情処理に関する規定◎

発生前

1 苦情処理方法の決定
- ❶ 労働者派遣契約に定める
- ❷ 就業条件明示書への明記

2 苦情処理の責任者の明確化
- ❶ 派遣元責任者の職務
- ❷ 派遣先責任者の職務

発生後

3 発生してしまった苦情の処理
- ● 派遣先が苦情の申し出を受けたときは派遣元と連携し、迅速に解決に努める

4 苦情の記録
- ❶ 派遣元管理台帳への記載
- ❷ 派遣先管理台帳への記載

Section 3-16 派遣契約と労働契約の更新のしかた

★2つの契約は異なるので別々に把握しておく必要があります。

労働者派遣契約で注意しておくべきこと

　派遣労働者は、派遣元（人材派遣会社）と「労働契約」を結んだうえで、派遣先との「労働者派遣契約」に基づいて派遣就労することになります。つまり、派遣労働者は、一般的な正規社員とちがって、**労働契約と労働者派遣契約という2つの契約関係**のなかで就労することになり、両者を別々に把握しておく必要があります。

　労働者派遣契約（個別契約）では、派遣就業する業務に応じて派遣受入期間に制限が設けられていて、この期間を超えて派遣就業してはいけないことになっています。したがって、この派遣受入期間の制限を超えて労働者派遣契約を更新することはできません。たとえば、派遣受入期間の制限が1年となっている業務の場合、3か月間の労働者派遣契約の更新は3回までしか認められないことになります。

　そのため、労働者派遣契約において、更新に関する事項を「自動更新」と規定することには慎重にならなくてはなりません。自動更新にすると、派遣元、派遣先双方が派遣期間を失念してしまい、派遣受入期間の制限に抵触してしまう恐れがあるからです。

労働契約で注意しておくべきこと

　一方の労働契約は、労働基準法によって契約期間の上限が原則として3年と定められています。また、専門的な知識、技術または経験（以下「専門的知識等」といいます）であって、高度のものとして厚生労働大臣が定める基準に該当するものを有する労働者が、そのような専門的知識等を必要とする業務に就く場合に締結する労働契約については、契約期間を5年以内とすることができます。ただし、派遣受入期間の制限との兼ね合いには十分留意する必要があります。

　登録型の一般労働者派遣事業の場合、労働者派遣契約と労働契約の期間は原則としてリンクすることになりますが、派遣契約が中途で解約されたような場合は、労働契約だけがそのまま存続することになるので注意が必要です。

◎派遣契約・労働契約の更新のしくみ◎

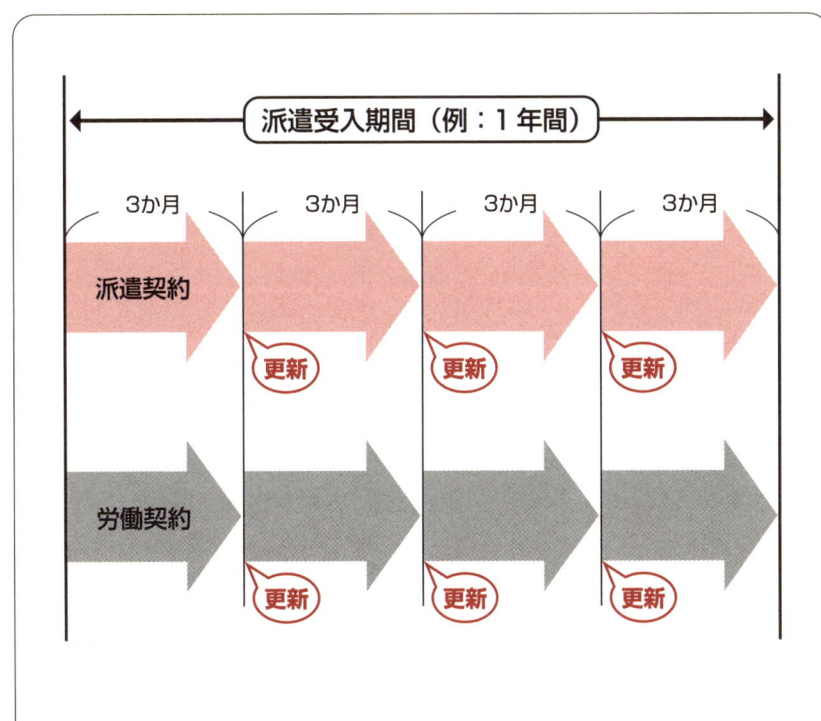

派遣受入期間（例：1年間）

3か月 / 3か月 / 3か月 / 3か月

派遣契約 → 更新 → 更新 → 更新

労働契約 → 更新 → 更新 → 更新

労働契約の期間の上限

原則

上限 **3年**（ただし、1年経過後は、労働者は使用者に申し出ることで解約可能）

例外

上限 **5年**
1. 高度の専門的知識等を有する者
2. 満60歳以上の者
3. 有期の建設工事等

Section 3-17 派遣契約の中途解除は可能か

★派遣先が中途解除するには、さまざまな条件があります。

中途解除について就業条件明示書に明示しておくこと

　派遣先は、派遣労働者が派遣契約どおりに派遣されなかったケースなど、派遣元の責任に基づく場合は、**派遣契約を解除**することができます。

　しかし、一般によく問題となるのは、思ったより業務量が少なかったとか、予定していたプロジェクトが早く終わったなどを理由として、派遣先が一方的な都合で契約を解除しようという場合です。この場合、派遣元が受ける損害は少なくないため、派遣先はあらかじめ相当の猶予期間をもって派遣元に解除の申入れを行なう必要があります。

　また、派遣契約の中途解除は、派遣労働者の地位を不安定にするものであるため、労働者派遣法では、派遣契約および派遣労働者への就業条件明示書に、派遣契約解除の場合の措置を明示することが義務づけられています。

　さらに、派遣先は派遣労働者の国籍、信条、性別、社会的身分、派遣労働者が労働組合の正当な行為をしたこと等を理由として、労働者派遣契約を解除してはならないことも労働者派遣法に規定されており、派遣先の不当な契約解除を制限しています。

派遣元では休業手当が必要になる場合がある

　厚生労働省の指針では、派遣先に対し、派遣労働者に帰すべき責任がないにもかかわらず、派遣契約を契約期間が満了する前に解約する場合は、次のような措置を講じるよう指導しています。

①派遣元に対しあらかじめ相当の期間をおいて申し入れること
②関連会社への就業あっせん等就業機会の確保を図ること
③就業先の確保ができない場合、損害賠償等適切な措置をとること（解除の30日前までの予告、または予告を行なわない場合は30日分以上の賃金相当額の損害賠償を行なう）

　また、派遣契約の中途解除がただちに労働契約の解除に直結するわけではなく、派遣元と派遣労働者の間には労働契約が存続します。したがって、中途解除の理由が派遣先の都合によるものであったとしても、派

◎派遣先の都合による派遣契約の解除◎

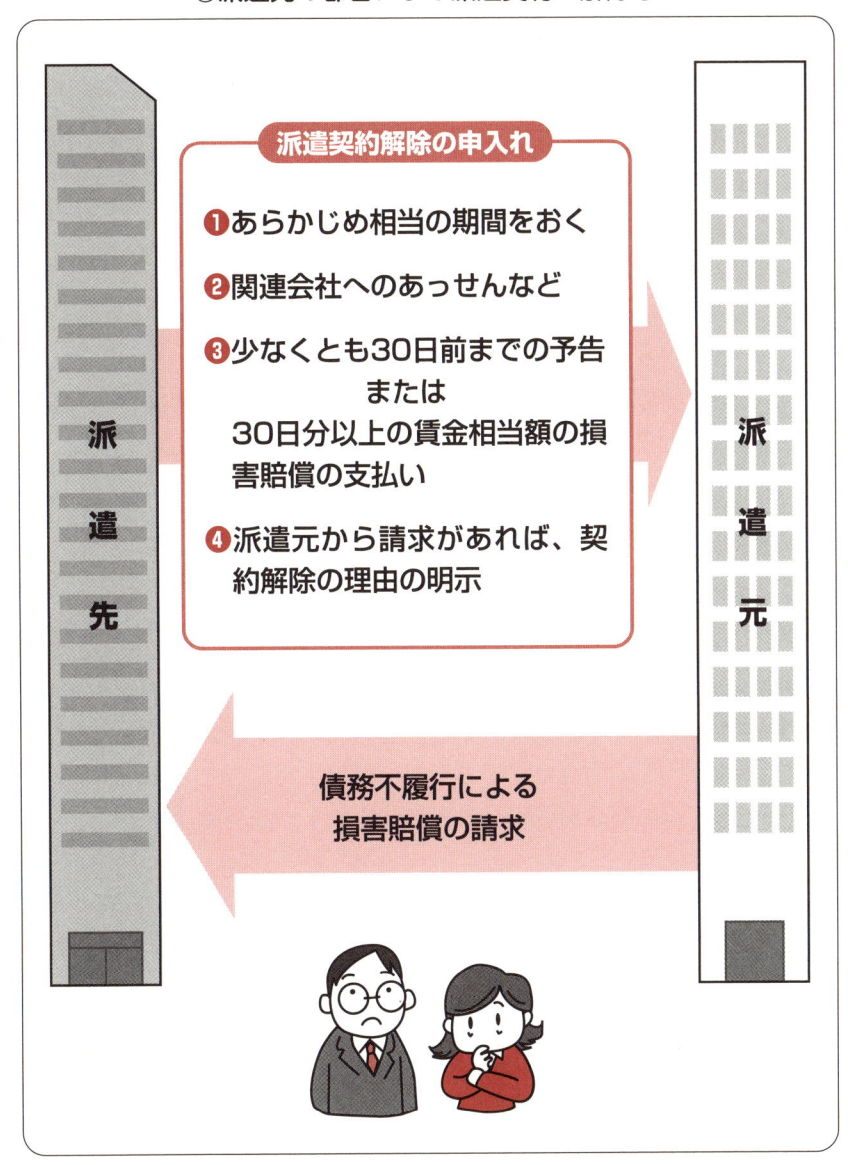

派遣契約解除の申入れ

❶ あらかじめ相当の期間をおく

❷ 関連会社へのあっせんなど

❸ 少なくとも30日前までの予告
または
30日分以上の賃金相当額の損害賠償の支払い

❹ 派遣元から請求があれば、契約解除の理由の明示

派遣先 ← 派遣元

債務不履行による
損害賠償の請求

遣元は新たな派遣先を探して就業させるまでの間は、派遣労働者に対して労働基準法に基づく休業手当として、平均賃金の60％以上を支払わなければなりません。

Section 3-18 派遣労働者の解雇は可能か

★合理的な理由のない解雇は認められません。

労基法の解雇予告、解雇予告手当の規定

派遣元（人材派遣会社）は、派遣契約期間満了前の打ち切りに伴って、やむを得ず派遣労働者を**解雇**することも少なくありません。

労働基準法20条では、労働者を解雇する場合、30日前の予告を義務づけ、また、解雇予告しない場合には平均賃金の30日分以上のいわゆる解雇予告手当を支払わなければならないこととなっています。

また、懲戒解雇など労働者の責に帰すべき事由による解雇で、労働基準監督署長の認定を受けた場合は、この労基法の規定によらずに即日解雇することができます。

ただし解雇は、労働者にとっては突然生活の糧を失うことになり、日常生活に多大な影響を被ることになるので簡単な話ではありません。

労働契約法の解雇権濫用法理の規定

「**解雇権**」は使用者に与えられた権利ではありますが、労働契約法16条において、「解雇は、客観的に合理的な理由を欠き、社会通念上相当であると認められない場合は、その権利を濫用したものとして、無効とする」という、**解雇権濫用法理**が規定されており、合理的な理由のない解雇を制限しています。

この合理的な理由は、使用者である派遣元が立証しなければなりませんので、就業規則等の諸規程の整備を行なうとともに、解雇事由をあらかじめ明確化しておく必要があります。

なお、解雇に合理的な理由があったとしても、業務上の傷病により休業する期間およびその後30日間、または女性労働者が産前産後により休業する期間およびその後30日間は、解雇することが制限されています。

契約期間の定めがある場合には解雇のハードルは高くなる

登録型の一般労働者派遣事業における労働契約は、派遣契約期間に応じて期間の定めのある契約を締結するケースが多々見受けられます。契約期間の定めがある場合は、原則として、使用者はやむを得ない事由が

◎派遣労働者の解雇に関する規定◎

1 解雇権濫用法理（労働契約法16条）

解雇は、客観的に合理的な理由を欠き、社会通念上相当であると認められない場合は、その権利を濫用したものとして、無効とする。

↓

2 解雇制限

- 業務上の傷病により休業する期間＋30日間
- 産前産後により休業する期間＋30日間

↓

3 解雇予告

- 少なくとも30日以上前に予告
- 予告しない場合は、平均賃金の30日分の解雇予告手当の支払い

なければ、契約期間の途中で有期契約労働者を辞めさせることはできません。ここでいう、「やむを得ない事由」は、個別具体的に判断され、解雇権濫用法理よりもハードルは高いものとされています。

Section 3-19 派遣労働者の雇用努力義務とは

★派遣労働者からの希望に応じて派遣勤務を継続する場合があります。

従来の派遣労働者を優先的に雇用する努力義務

　派遣先が一般的業務である場合、1年を超え3年以内の期間で派遣受入期間の制限があります。

　この派遣受入期間の全期間で、同じ派遣労働者が派遣就業していたケースで、引き続きそれと同じ業務に従事させるために他の労働者を雇い入れようとする場合には、その期間従事していた派遣労働者を雇い入れるよう努めなければなりません。

　つまり、派遣期間が終わってしまった派遣先が、引き続きその業務に従事してもらう人材を雇い入れる際には、"それまで従事していた派遣労働者を優先的に雇用してください"ということです。

　これは、義務ではなく、あくまでも"努力義務"なので、強制力はありませんが、新規に労働者を採用するよりも派遣労働者のほうが、その業務についての知識や経験は織り込み済みですから合理的であるといえます。

雇用努力義務が生じるケース

　この**雇用努力義務**が生じるのは、次の要件を満たす派遣労働者の場合です。

> ①派遣終了日までに、派遣先に雇用されて同一の業務に従事することを希望する旨を派遣先に申し出たこと
> ②派遣終了日から7日以内に派遣元との雇用関係が終了したこと

　したがって、すでに次の派遣先が決まっている場合には、この雇用努力義務は課せられないことになります。

　また、派遣労働者が優秀であるなど、派遣先の評価が高い場合は、派遣先は派遣契約終了後も引き続き業務に従事してもらいたいと希望することがあります。場合によっては、派遣労働者も派遣先での就業が気に入ってそのまま就職したくなることもあるでしょう。

◎派遣労働者の雇用努力義務が発生するとき◎

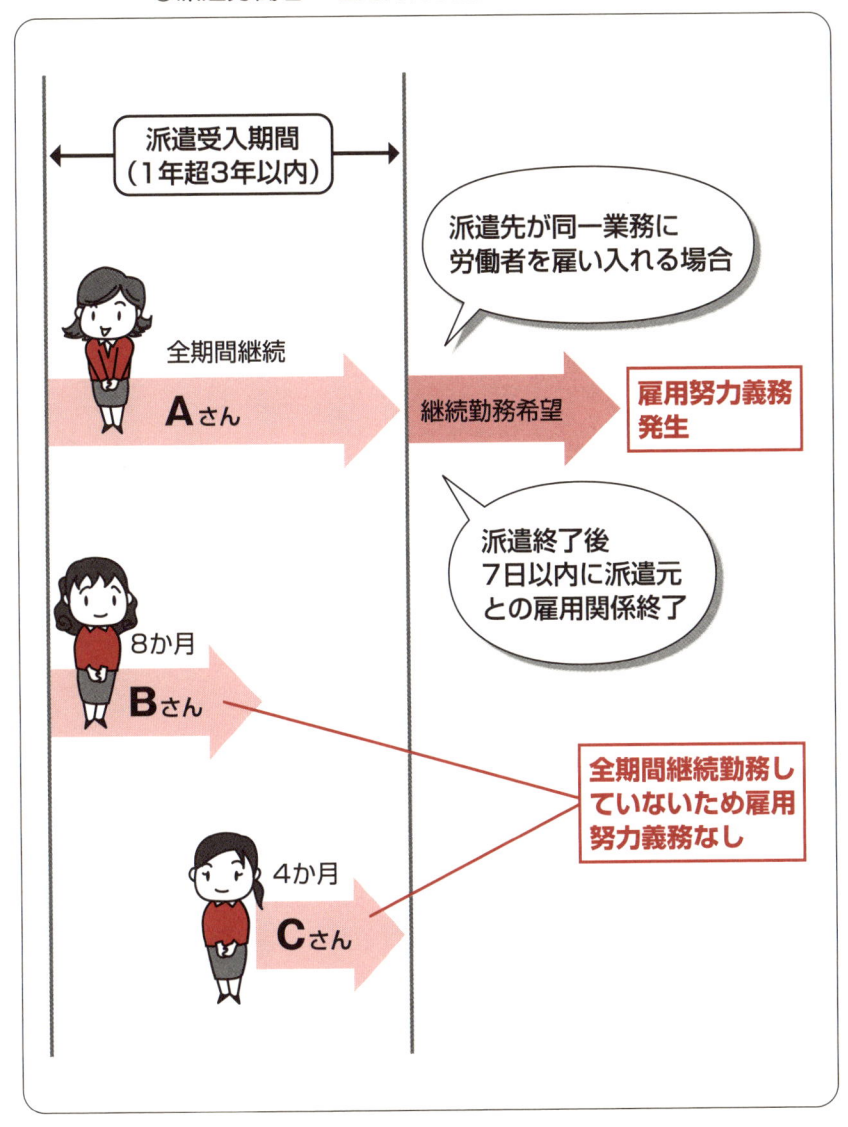

```
┌─────────────────────────────────────────────────────┐
│   ←― 派遣受入期間 ―→                                │
│      (1年超3年以内)                                  │
│                                                      │
│         全期間継続        派遣先が同一業務に         │
│         ━━━━━━━━━━▶     労働者を雇い入れる場合      │
│         Aさん      継続勤務希望 ━▶ 雇用努力義務     │
│                                      発生           │
│                                                      │
│         8か月            派遣終了後                  │
│         ━━━━━▶          7日以内に派遣元             │
│         Bさん            との雇用関係終了            │
│                                                      │
│                          全期間継続勤務し           │
│         4か月            ていないため雇用           │
│         ━━━▶             努力義務なし              │
│         Cさん                                        │
└─────────────────────────────────────────────────────┘
```

このように、派遣先と派遣労働者が相思相愛である場合、派遣元は正当な理由がなく派遣先に雇用されることを禁ずる契約はできないものとされています。これは、労働者派遣法の性格が、安定的な雇用の促進を求めているものであるためです。

Section 3-20 雇用の申込み義務が適用になる場合

★申込み義務は必須義務だが、雇用されるとはかぎりません。

一般的業務の場合の雇用の申込み義務

　派遣受入期間に制限がある一般的業務の場合は、派遣先が派遣受入期間の制限に抵触することとなる日を超えて、継続して派遣労働者を受け入れてはいけないこととなっています。

　「派遣受入期間の制限に抵触する日」とは、1年を超えて3年以内の派遣期間を定めた派遣契約をした場合をいいますが、派遣元は、抵触する最初の日前1か月の間に、抵触する最初の日以降継続して労働者派遣を行なわない旨を派遣先および派遣労働者に通知しなければなりません。この通知は、書面、電子メールあるいはファクシミリによることとされています。

　派遣先は、この通知を受けた場合、派遣労働者が派遣先に雇用されることを希望しており、派遣先も派遣可能期間後も続けてその派遣労働者を使用したいときは、派遣期間の終了日までに、自社の社員としての雇用契約の申込みをしなければなりません。

専門的業務の場合の雇用の申込み義務

　一方、専門的26業務など、派遣受入期間の制限がない業務においても、派遣元から3年を超えて継続して同じ労働者の派遣を受けているときで、派遣先がこの同じ業務に新たに労働者を雇い入れようとするときは、就業している派遣労働者に対して、正社員としての雇用契約の申込みをしなければなりません。これは、派遣労働者が単なる雇用調整としてのみ利用され、安定感のある正社員よりも労働条件が劣るなどの不安定な要素をもっているためです。

　これらは、努力義務ではなく、必ず実施しなければならない義務ですが、ここでいう義務は、あくまでも**「雇用の申込み」**であって、派遣労働者と派遣先会社との間で、賃金などの労働条件で派遣労働者との調整がうまくいかず、雇用契約の締結に至らないケースも起こりえるものといえます。

◎雇用申込み義務が発生するとき◎

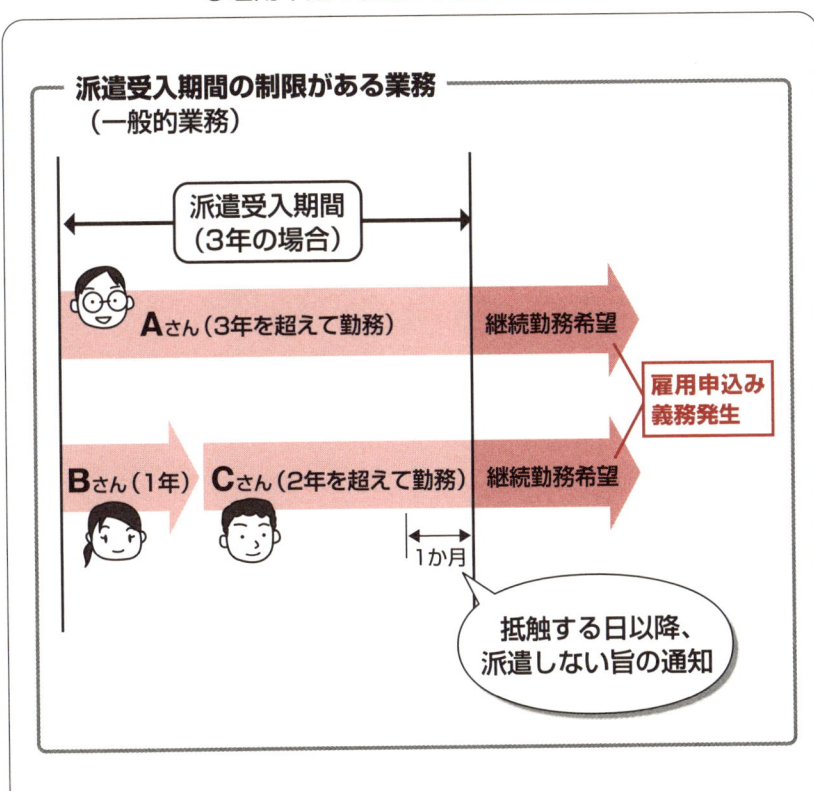

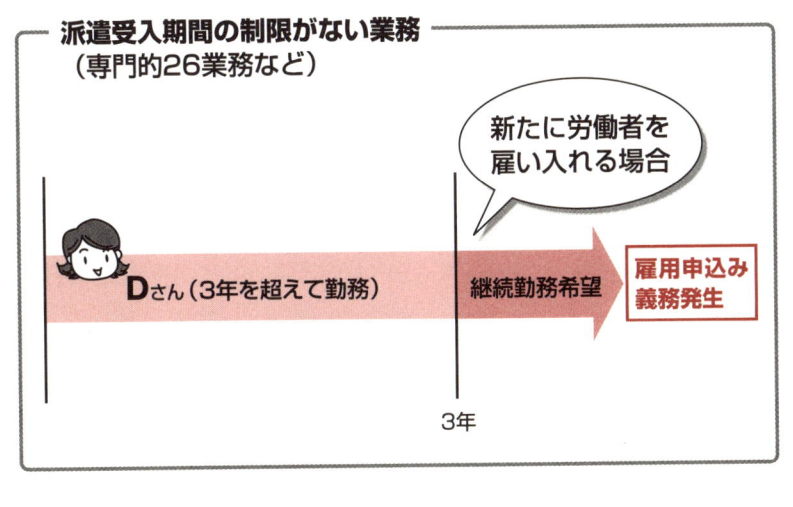

派遣受入期間の制限がある業務
（一般的業務）

派遣受入期間（3年の場合）

Aさん（3年を超えて勤務） 継続勤務希望 → **雇用申込み義務発生**

Bさん（1年） Cさん（2年を超えて勤務） 継続勤務希望 → **雇用申込み義務発生**

1か月

抵触する日以降、派遣しない旨の通知

派遣受入期間の制限がない業務
（専門的26業務など）

新たに労働者を雇い入れる場合

Dさん（3年を超えて勤務） 継続勤務希望 → **雇用申込み義務発生**

3年

3章 派遣を開始するとき・終了するときの実務知識

COLUMN

● 派遣元責任者の選任要件 ●

　労働者派遣事業を行なう派遣元には、労働者派遣法26条により「派遣元責任者」の選任が義務づけられていますが、その選任要件の１つとして、一定の雇用管理等の経験が必要とされています。

　この「雇用管理等の経験」とは、人事または労務の担当者（事業主〈法人の場合はその役員〉、支店長、工場長その他事業所の長等、労働基準法41条２号の「監督もしくは管理の地位にある者」を含む）であったと評価できること、または労働者派遣事業における派遣労働者もしくは登録者等の労務の担当者（労働者派遣法施行前のいわゆる業務処理請負業における派遣労働者の労務の担当者を含む）であったことをいい、次のいずれかに該当する者である必要があります。

①成年に達した後、３年以上の雇用管理の経験を有する者

②成年に達した後の雇用管理の経験と派遣労働者としての業務の経験とをあわせた期間が３年以上の者（ただし、雇用管理の経験が１年以上あるものに限る）

③成年に達した後の雇用管理経験と職業経験とをあわせた期間が５年以上の者（ただし、雇用管理の経験が１年以上あるものに限る）

④成年に達した後、職業安定行政または労働基準行政に３年以上の経験を有する者

⑤成年に達した後、民営職業紹介事業の従事者として３年以上の経験を有する者

⑥成年に達した後、労働者供給事業の従事者として３年以上の経験を有する者

4章

労働者派遣に関係してくる労働法の規定

労働者派遣法や労働基準法について知っておきましょう。

Section 4-1 人材派遣をつかさどる法律は「労働者派遣法」

★人材派遣という雇用形態は労働基準法だけではカバーしきれません。

派遣労働者の保護と雇用の安定を図ることが目的

労働者派遣法とは、正しくは、「労働者派遣事業の適正な運営の確保及び派遣労働者の就業条件の整備等に関する法律」といいます。経済社会の多様化に伴う労働力需給の変化に対応して、派遣先会社と派遣労働者を迅速に結びつけ、希望と能力に応じた就業機会を確保するシステムとして、その適正な運営を図ろうとする法律です。また、あわせて派遣労働者の保護と雇用の安定を図ることを目的としています。

なお、労働者の権利を守るための法律としては、他に**労働基準法**があります。労基法は、いわゆる正社員を始めとして、パートタイム労働者、契約社員など、労働契約に基づいて労務を提供する労働者全般に適用される法律です。これに対して、労働者派遣法は、労基法だけではカバーしきれない「人材派遣」という雇用形態にフォーカスした労働法の一つだといえます。

二度の大きな改正で自由化されてきた

労働者派遣法は、昭和61年に施行されましたが、急激な常用雇用労働者の代替化を防ぐため、派遣の対象は「高度で専門的な知識や経験を要する」13の業務に限定されていました。この法律の施行前までは、民間が行なう人材派遣は人身売買への波及の恐れがあることなどから職業安定法によって禁止されていました。

平成11年の改正では、派遣できる業務の限定から、派遣できない業務を特定する、いわゆる「ネガティブリスト」化が行なわれ、労働者派遣事業は原則として自由化されました。また、平成16年の改正では、派遣期間の延長、物の製造業務への派遣解禁、許可・手続きの簡素化、紹介予定派遣の整備などが図られ、人材派遣という雇用形態の自由度が一層高まりました。

しかし、こうした規制緩和の代償として、偽装請負・偽装出向や日雇い派遣をめぐるトラブルなど、多くの社会的問題が露呈していることもまた事実だといえます。

◎労働者派遣法とはどんな法律か◎

労働者派遣法
- 人材派遣システムの適正化
- 派遣労働者の保護と雇用の安定

↑

沿革

昭和61年… ● 労働者派遣法施行

平成11年… ● 除外業務以外は派遣対象業務（ネガティブリスト化）

平成16年… ● 派遣期間の延長
- 派遣先による派遣労働者直接雇用の促進
- 物の製造業務への派遣解禁
- 紹介予定派遣の法制化

規制緩和の流れ

↓

問題
- 偽装請負・偽装出向
- 日雇い派遣

第4章 労働者派遣に関係してくる労働法の規定

Section 4-2 派遣元と派遣先で適用を受ける労働法

★労働に関する複数の法律全般を総称したものが労働法です。

使用者と労働者の双務契約だが、使用者のほうが立場は強い

　人材派遣という雇用形態で働く派遣労働者は、あくまでも労働契約に基づく労働者なので、労働者派遣法のみならず、さまざまな労働法の適用を受けることになります。

　派遣労働者は、派遣先会社の指揮命令を受けながら人材派遣会社（派遣元）に対し労務を提供します。派遣元は、労務の見返りとして派遣労働者に給与を支払うことになります。これを、「**有償双務契約**」といい、派遣労働者には働く義務が課せられる反面、報酬を受け取る権利を得ることになります。

　本来、双務契約は自由な意思決定による労使が対等となるべき契約ですが、労使間においては、使用者は労働者に対する過酷な強制労働やピンハネといった中間搾取等を行なってきた歴史があります。つまり、力関係では賃金を支払う側の使用者が圧倒的に有利であり、経済的弱者である労働者が経済発展の犠牲となってきたことは事実だといえます。

　そこで、労働者の権利を保護することを目的に「**労働法**」が次々と整備されていきました。といっても、「労働法」という法律が存在するわけではなく、労働に関する複数の法律全般を総称して「労働法」と呼んでいます。

労働法は5つのグループに分けることができる

　派遣労働者に適用される労働法は、その性格によって多岐にわたりますが、大きく分けて次の5つのカテゴリーに分けることができます。

①労働条件の基準に関する法律
②雇用の確保・安定のための法律
③労働保険・社会保険に関する法律
④労働者福祉の増進に関する法律
⑤労働組合に関する法律

◎派遣元・派遣先に適用される労働法◎

労働法 —権利の保護→ 派遣労働者

労働条件の基準に関する法律
- 労働基準法
- 労働契約法
- パートタイム労働法
- 最低賃金法
- 労働安全衛生法
- 賃金支払確保法

雇用の確保・安定のための法律
- 労働者派遣法
- 職業安定法
- 雇用対策法
- 障害者雇用促進法
- 高齢者雇用安定法
- 職業能力開発促進法

労働保険・社会保険に関する法律
- 労働者災害補償保険法（労災保険法）
- 雇用保険法
- 健康保険法
- 厚生年金保険法
- 介護保険法

労働者福祉の増進に関する法律
- 男女雇用機会均等法
- 育児・介護休業法
- 中小企業退職金共済法
- 勤労者財産形成促進法

労働組合に関する法律
- 労働組合法
- 労働関係調整法

4章 労働者派遣に関係してくる労働法の規定

　また、補完的な役割を果たす政府や各省庁から発せられる命令、省令、規則などや行政通達、過去に裁判所が裁いた判例なども解釈や運用面では労働法の一つといえるでしょう。

Section 4-3 労働法に規定する労働契約

★労働基準法で禁止事項が定められています。

有期契約の場合は期間満了に伴って契約は終了する

派遣労働者が派遣先に派遣される際には、それに先立って、派遣元と「**労働契約**」を結ぶ必要があります。

「労働契約」とは、労働者が一定の労働条件のもとで労務提供し、使用者はその対価として一定の賃金を支払うことを労使双方で合意した契約のことです。これを、「**有償双務契約**」といいます。

労働契約には、期間の定めのあるものと定めのないものがあります。労働者派遣事業の場合、期間の定めのある労働契約を締結することが一般的です。この場合、派遣先による労働者派遣契約の中途解除などによって、期間の途中で労働契約が解約されることは、やむを得ない理由がない限り認められず、債務不履行として損害賠償の問題が生じます。しかし、期間が満了すれば、その契約は自動的に終了することになります。

また、期限の定めのある労働契約を締結する場合、その期間は原則として最長で3年とされています。ただし、一定の場合は、例外として3年を超える労働契約を締結することが認められています。

なお、有期労働契約の締結、更新および雇い止めについては、基準が策定されており、特に更新後の雇い止めに関しては1年を超える契約期間を定めた場合でも、一定の場合を除き、契約期間の初日から1年を経過した日以後いつでも退職は可能とされています

労働者保護の規定が設けられている

そのほか、労働契約の締結にあたっては、労働者の意思を拘束したり、退職の局面においてその自由を奪うことが懸念されることから、労働基準法では次のような禁止規定を設けています。

- 損害賠償額予定の禁止（労基法16条）
- 前借金相殺の禁止（労基法17条）
- 強制貯蓄の禁止（労基法18条）

◎労働契約のしくみ◎

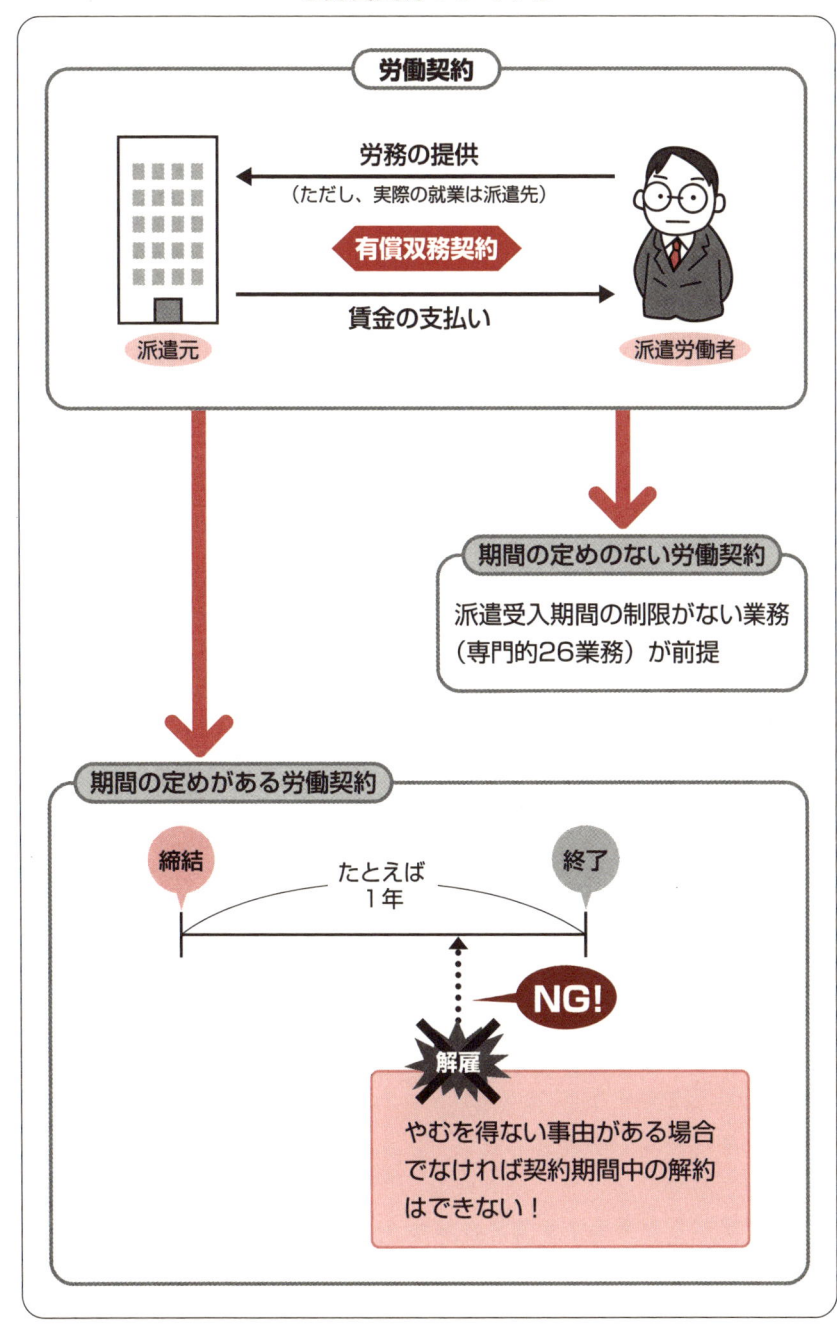

労働契約

労務の提供
（ただし、実際の就業は派遣先）

有償双務契約

賃金の支払い

派遣元 → 派遣労働者

期間の定めのない労働契約

派遣受入期間の制限がない業務（専門的26業務）が前提

期間の定めがある労働契約

締結 —— たとえば1年 —— 終了

解雇 NG!

やむを得ない事由がある場合でなければ契約期間中の解約はできない！

4章 労働者派遣に関係してくる労働法の規定

Section 4-4 労働法に規定する労働時間・休憩・休日

★労基法で法定労働時間、休憩時間、法定休日が決められています。

所定労働時間、所定休日は会社が決めたもの

派遣労働者には、労働基準法で規定されている労働時間、休憩、休日の取扱いも当然に適用されます。労働契約は派遣元と締結されているものの、これらの規定は実際に業務の指揮命令を行なう派遣先が遵守する義務を負っています。

「**労働時間**」とは、労働基準法32条に定められている「**1日について8時間、1週間について40時間（特例事業場は44時間）**」のことをいい、休憩時間は含まれず、これを「**法定労働時間**」と呼んでいます。

また、使用者は、労働者に対して、労働時間が6時間を超え8時間以内の場合は少なくとも45分、8時間を超える場合は少なくとも1時間の**休憩時間**を与えなければなりません（労基法34条1項）。したがって、1日の所定労働時間が8時間と規定されている会社の場合は、45分の休憩時間を与えることで足り、必ずしも1時間の休憩時間を付与する必要はありません。

「**休日**」とは、労働契約において労働の義務がないとされている日をいいます。労基法では、使用者は労働者に対して「**毎週少なくとも1回の休日を与えなければならない**」と定め、業務の都合などで毎週1回の付与ができない場合は「**4週を通じ4日以上の休日を与える**」ことができるものとし、これを一般に「**法定休日**」といいます（労基法35条）。

派遣元と結んだ36協定は派遣先を拘束する

派遣元は派遣労働者に、法定労働時間を超えて、あるいは法定休日に労働させる場合には、労基法36条に規定する「**時間外・休日労働に関する協定**」（３６協定）を派遣労働者の代表者と締結し、1日、1か月、1年について何時間の時間外労働をさせることとするのか、また、月に何回、休日労働させるのか、その場合の労働時間は何時から何時までか、について協定し、労働基準監督署へ届け出る必要があります。このため、派遣先もこの影響を受けて、派遣労働者に３６協定の規定を超えた時間外・休日労働を命じることはできません。

◎労働時間・休憩・休日のルール◎

派遣労働者

労働時間・休憩・休日のルールは…

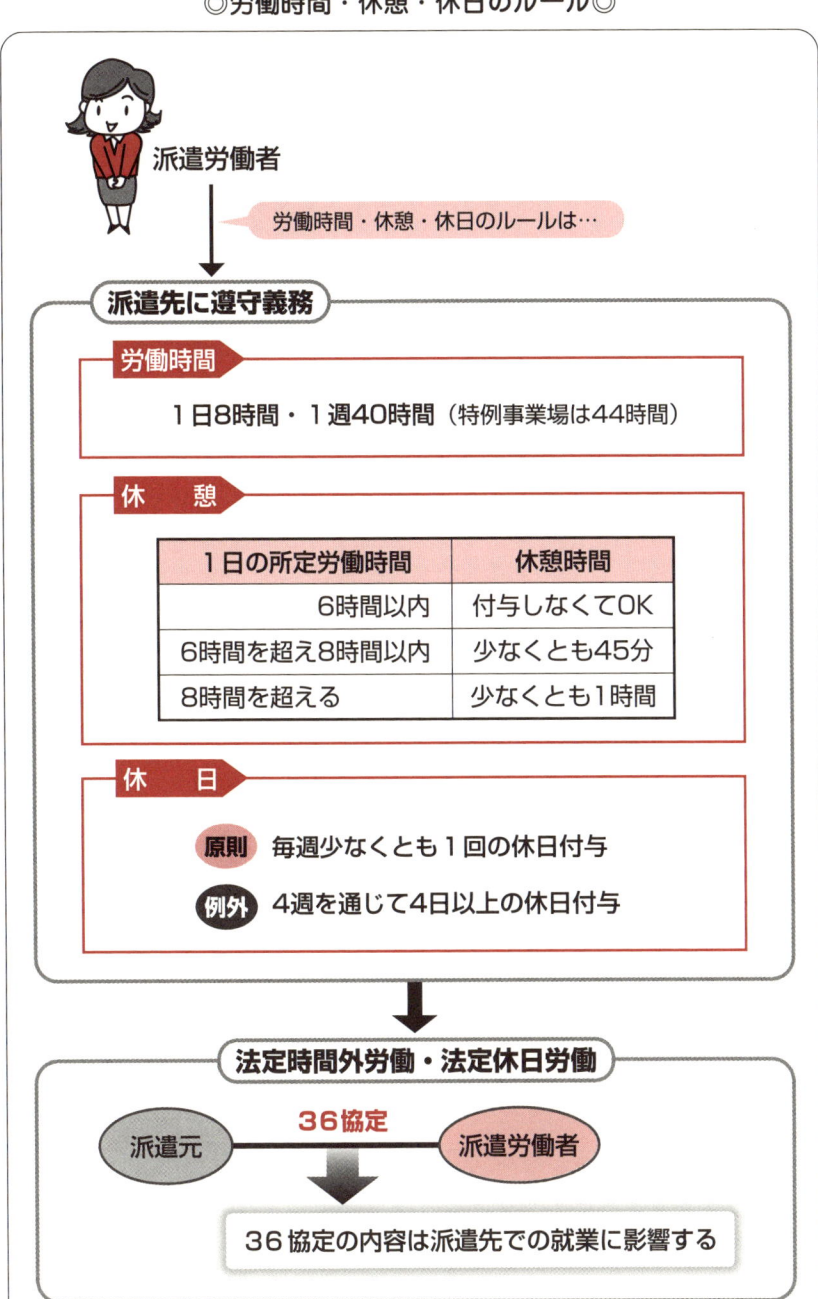

↓

派遣先に遵守義務

労働時間
1日8時間・1週40時間（特例事業場は44時間）

休　憩

1日の所定労働時間	休憩時間
6時間以内	付与しなくてOK
6時間を超え8時間以内	少なくとも45分
8時間を超える	少なくとも1時間

休　日

原則　毎週少なくとも1回の休日付与

例外　4週を通じて4日以上の休日付与

↓

法定時間外労働・法定休日労働

派遣元 ── **36協定** ── 派遣労働者

↓

36協定の内容は派遣先での就業に影響する

Section 4-5 労働法に規定する変形労働時間制

★派遣元と派遣先が同じ労働時間制を採用しているとはかぎりません。

派遣先で変形労働時間制を実施していないか確認する

「変形労働時間制」とは、繁忙期の所定労働時間を長くする代わりに、閑散期の所定労働時間を短くするといったように、業務の繁閑や特殊性に応じて、労使が工夫しながら労働時間の配分等を行ない、これによって全体としての労働時間の短縮を図ろうとするものです。その結果、残業手当の軽減につながるため、変形労働時間制を採用している企業は少なくありません。

派遣先がこの制度を導入しているケースでは、この算定方法に沿った派遣料金の体系を主張される場合があります。常用雇用している労働者を派遣する特定労働者派遣事業では、派遣元と派遣先が常に同じ労働時間の制度を採用することは困難だと思われますが、登録型の一般労働者派遣事業では、そのつど派遣契約および労働契約を締結するので、派遣先に合わせることが可能であるといえます。まずは、派遣先がどのような労働時間制度を用いているのかを確認することが賢明でしょう。

変形労働時間制の種類

この変形労働時間制には、以下の4種類の制度が労基法で定められています。

①1か月単位の変形労働時間制…1か月以内の期間を平均し1週間あたりの法定労働時間を超えない範囲で、特定の日、週の労働時間について法定労働時間を超える定めをすることができる制度
②1年単位の変形労働時間制…1年以内の期間を単位として、その間の時季的な業務量の繁閑に応じて労働時間を合理的に配分しようという制度
③フレックスタイム制…清算期間中の総労働時間を決めて、1日の出退勤時刻は労働者の自主的な決定に委ねるという制度
④1週間単位の非定型的変形労働時間制…日ごとの業務に著しい繁閑の差が生じることが多い一定の職種で用いられる制度

◎変形労働時間制の種類と運用のしくみ◎

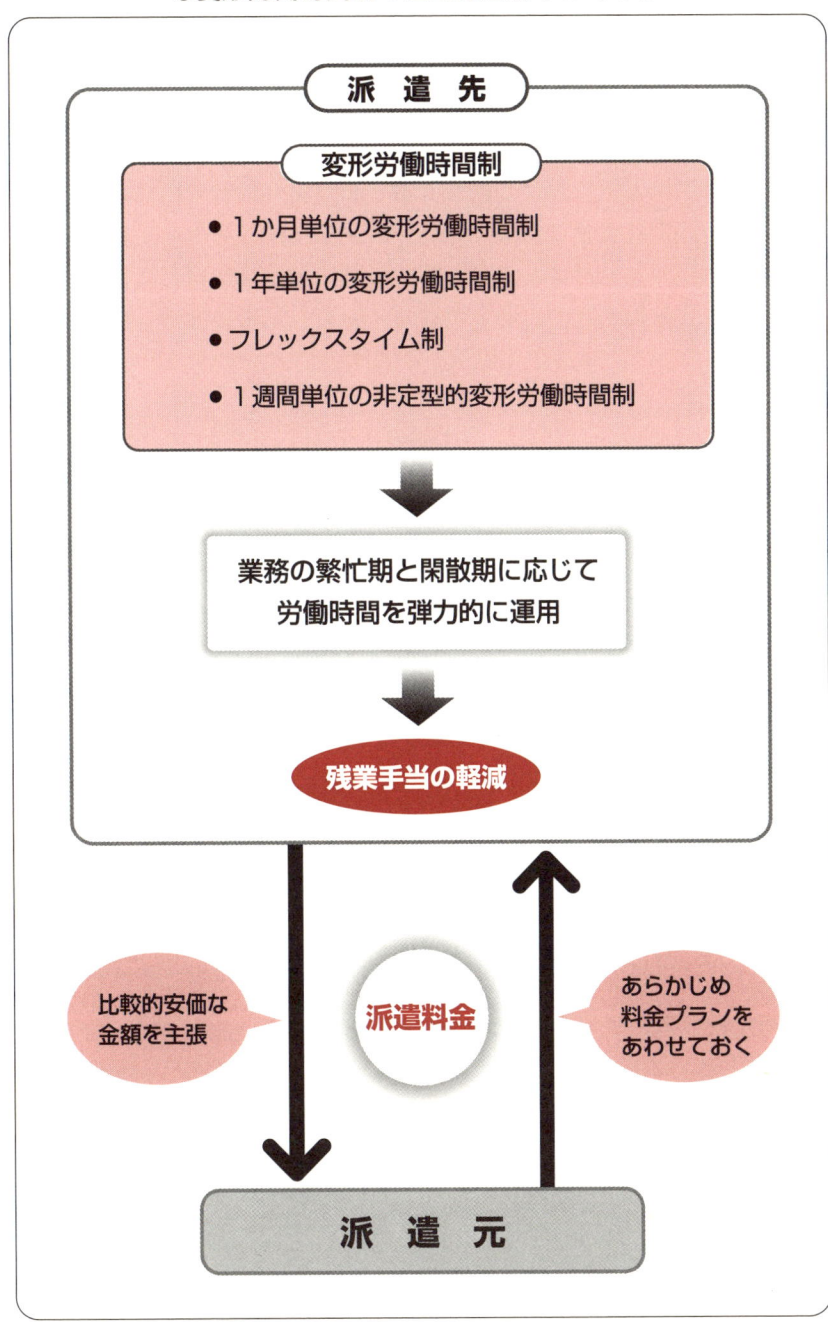

派遣先

変形労働時間制
- 1か月単位の変形労働時間制
- 1年単位の変形労働時間制
- フレックスタイム制
- 1週間単位の非定型的変形労働時間制

↓

業務の繁忙期と閑散期に応じて労働時間を弾力的に運用

↓

残業手当の軽減

比較的安価な金額を主張

派遣料金

あらかじめ料金プランをあわせておく

派遣元

4章 労働者派遣に関係してくる労働法の規定

Section 4-6 労働法に規定する時間外労働・休日労働・深夜労働

★時間外労働等については、割増賃金の支給が決められています。

割増賃金の支給

派遣元は、派遣先において派遣労働者が時間外労働や休日労働をした場合には、通常の賃金以外に時間外労働手当や休日手当を支払わなければなりません。とりわけ、法定労働時間や法定休日を超えて労働させた場合には、労働基準法で、通常の賃金に加え一定率を割増した賃金を支払うことになっています。これを「**割増賃金**」といいます。

時間外労働に対する割増賃金

法定労働時間を超えて労働させると、通常支払われる賃金に**2割5分以上5割以下**の賃金を上乗せしなければなりません。つまり、1日の労働時間が8時間を超えると、割増賃金が付加されることになるのです。

ただし、割増賃金が支払われるのはあくまでも法定労働時間を超えた場合ですから、派遣元の就業規則で定められた所定労働時間が8時間に満たない場合は、法定労働時間とはリンクせず、いわゆる「**法内残業**」として通常の賃金を支払う必要があります。

休日労働に対する割増賃金

法定休日に労働させると、通常支払われる賃金に**3割5分以上5割以下**の割増賃金を上乗せしなければなりません。法定休日は1週間に1日与えればよいとされていますから、週休2日制の場合、いずれかの日（たとえば日曜日）に休日を与えていれば、土曜日に労働させてもそれは法定休日に労働させたことにはなりません。

深夜労働に対する割増賃金

午後10時から翌朝の5時まで労働させると、通常支払われる賃金に**2割5分以上**の賃金を上乗せしなければなりません。時間外労働と休日労働が深夜に及ぶときは、それぞれに深夜割増率が加算されます。

なお、派遣先は、派遣先管理台帳の記載事項のうち、①派遣労働者の氏名、②派遣就業した日、③派遣就業した日ごとの始業・終業時刻、休

◎割増賃金の割合と運用のしくみ◎

派遣元

	割増率
時間外労働 （法定労働時間を超えて労働した場合）	25%以上 50%以下
休日労働 （法定休日に労働した場合）	35%以上 50%以下
深夜労働 （夜22時〜翌朝5時に労働した場合）	25%以上

時間外 ＋ 深夜労働 → 50%以上

休日労働 ＋ 深夜労働 → 60%以上

休日労働 ＋ 時間外労働 → 35%以上
　　　　　　　　　　　　50%以下のまま

①派遣労働者の氏名
②派遣就業した日
③派遣就業した日ごとの始業・就業時刻、休憩時間
④従事した業務の種類
⑤派遣就業した場所
を通知

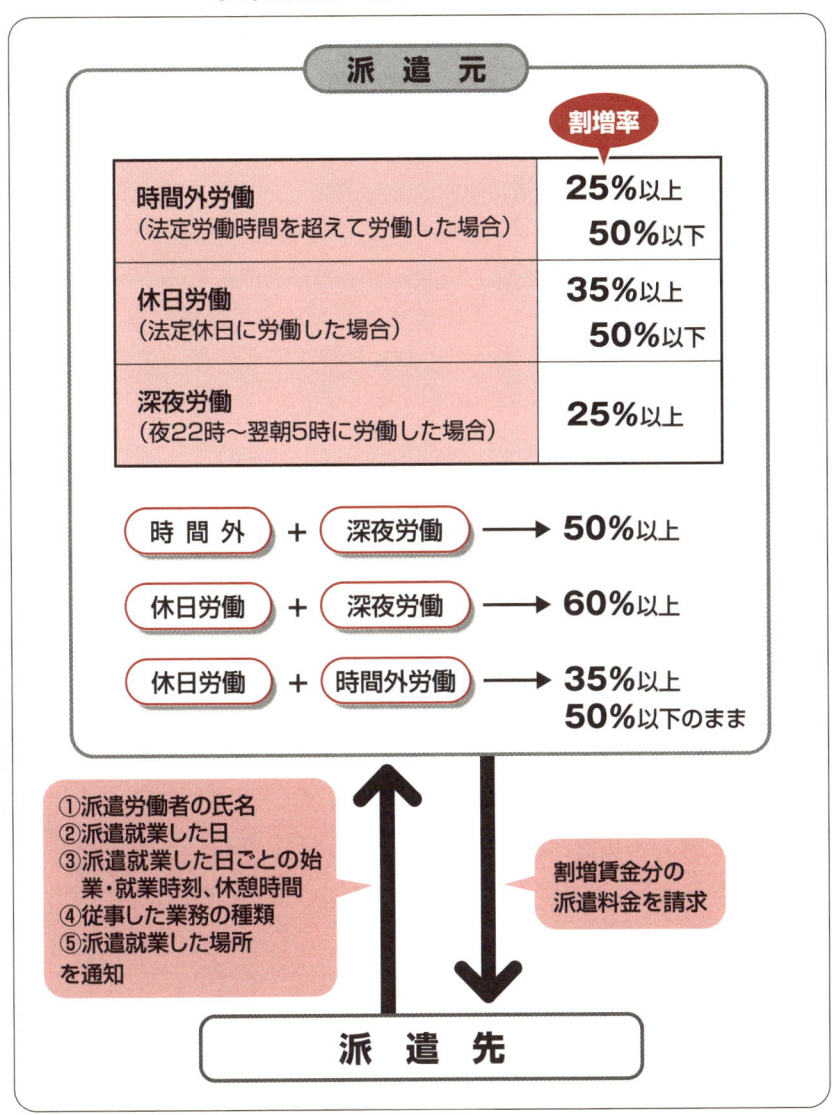

割増賃金分の派遣料金を請求

派遣先

憩時間、④従事した業務の種類、⑤派遣就業した場所の各事項を、1か月ごとに1回以上、一定の期日を定めて書面（電子メール、ファクシミリ可）に記載して派遣元へ通知しなければならず、派遣元はこの通知をもとに割増賃金等の計算を行なうことになります。

Section 4-7 労働法に規定する年次有給休暇

★有給休暇を付与するのは派遣元です。

派遣労働者の場合は、労基法の規定と異なるケースがある

「年次有給休暇」は、派遣元が派遣労働者を雇い入れた日から起算して6か月間継続勤務し、全所定労働日の8割以上出勤した労働者に対して**最低10日**を与えなければなりません。特定労働者派遣事業の場合は、常用雇用労働者が前提なので一般労働者と同様の付与日数となりますが、一般労働者派遣事業の場合は、そのつど締結する労働契約上の所定労働時間によって付与日数が変わることがあります。

年次有給休暇の付与義務は派遣元に課せられていますが、派遣先が変更になっても派遣元との労働関係が継続していれば、有給休暇の期間は通算されます。なお、一般労働者派遣事業の場合、単に人材派遣会社に登録している期間は、労働契約が成立していないので通算されません。

時季変更権の行使等の派遣元・派遣先の注意点

年次有給休暇を取得する時季については、労働者に時季指定権が認められている一方で、指定時季が事業の正常な運営を妨げるような場合は、派遣元に時季変更権が認められています。ただし、**派遣先は時季変更権を行使できない**ので注意しましょう。

また、年次有給休暇の請求権は、労働基準法115条の規定により、2年間で時効によって消滅します。したがって、前年の残日数までを翌年に繰り越すことができます。

年次有給休暇取得中の賃金については、派遣元の就業規則などの定めに基づき、①平均賃金、②所定労働時間労働した場合に支払われる通常の賃金、過半数労働組合または労働者の過半数代表者と書面による協定を行なった場合は、③健康保険法の標準報酬日額に相当する金額のいずれかを支払う必要があります。

なお、派遣労働者が年次有給休暇を取得すると、その日については他の派遣労働者を手配しなければならなくなります。しかし、年次有給休暇を取得した派遣労働者に対して、賃金を減額したり、欠勤とするなどの不利益な取扱いはしてはいけません。

◎年次有給休暇の付与日数と運用のしくみ◎

●一般の労働者（週の所定労働日数が5日以上または週の所定労働時間が30時間以上の労働者）

継続勤務年数	6か月	1年6か月	2年6か月	3年6か月	4年6か月	5年6か月	6年6か月以上
付与日数	10日	11日	12日	14日	16日	18日	20日

●パートタイム労働者（週所定労働時間が30時間未満の労働者）

パートタイム労働者の比例付与日数は、次の算式で求められます。

$$\text{パートタイム労働者の比例付与日数} = \text{一般労働者の年次有給休暇日数} \times \frac{\text{パートタイム労働者の週所定労働日数}}{\text{一般労働者の週所定労働日数（5.2日）}}$$

表にすると…

週所定労働日数	年間所定労働日数	継続勤務年数						
		6か月	1年6か月	2年6か月	3年6か月	4年6か月	5年6か月	6年6か月以上
4日	169～216日	7日	8日	9日	10日	12日	13日	15日
3日	121～168日	5日	6日	6日	8日	9日	10日	11日
2日	73～120日	3日	4日	4日	5日	6日	6日	7日
1日	48～72日	1日	2日	2日	2日	3日	3日	3日

派遣労働者 →「○月×日に有休を取得します」→ 派遣元　**時季指定権**

派遣元 →「繁忙期なので翌月にしてほしい」→ 派遣労働者　**時季変更権**

Section 4-8 労働法に規定する産前産後休業・育児時間

★産前産後休業については派遣元に付与義務があります。

育児時間、生理休暇等の付与義務は派遣先にある

労働基準法では、母性保護の観点から、**産前産後の休業**、**生理休暇**、**育児時間**を与えることなどが規定されていますが、年次有給休暇のように派遣元に付与義務があるケースと、派遣先がその義務を負わなければならないケースとに分けられます。

まず、産前産後休業については、**派遣元**にその義務があります。産前産後休業とは、6週間（多胎妊娠の場合は14週間）以内に出産予定の女性が休業を請求した場合には、その者を就業させてはいけない、というものです。この期間は比較的長期にわたりますが、健康保険に加入している派遣労働者には、その間の所得補償として出産手当金が支給されます。

一方、**派遣先が付与あるいは配慮しなければならない**主なものは次のとおりです。

①**妊産婦の労働時間・休日労働の制限**

妊産婦（妊娠中の女性および産後1年を経過しない女性）が請求した場合には、時間外・休日労働をさせてはなりません。変形労働時間制の適用を受けていても、妊産婦が請求した場合には、1日8時間、1週40時間を超えて労働させることはできません。

②**育児時間**

生後満1年に達しない生児を育てる女性から請求があった場合には、休憩時間の他に、1日2回それぞれ少なくとも30分の生児を育てるための時間を与えなければなりません。

③**生理日の就業が著しく困難な女性に対する措置**

生理日の就業が著しく困難な女性が休暇（半日、時間単位でも足ります）を請求したときは、その者を就業させてはなりません。

ただし、こうした休暇にはいわゆる「**ノーワーク・ノーペイの原則**」が適用され、休んで労務の提供がない期間分の給与は控除されることが原則です。つまり、休暇の付与は義務づけられているものの、年次有給休暇を取得した場合を除いて、給与の支払い義務はないということです。

◎産前産後休業・育児時間のしくみ◎

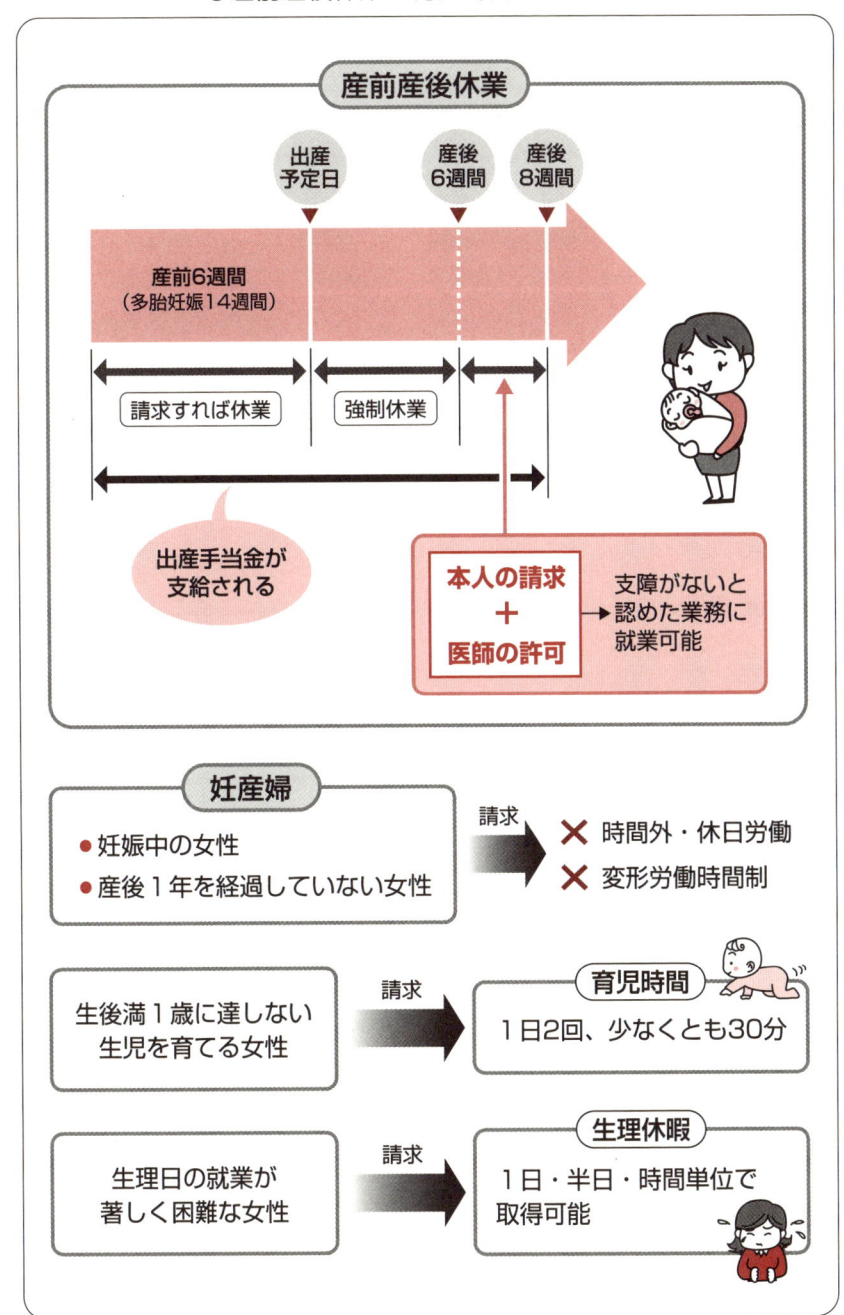

産前産後休業

- 出産予定日
- 産後6週間
- 産後8週間

産前6週間（多胎妊娠14週間）

- 請求すれば休業
- 強制休業

出産手当金が支給される

本人の請求 ＋ 医師の許可 → 支障がないと認めた業務に就業可能

妊産婦
- 妊娠中の女性
- 産後1年を経過していない女性

請求 →
- ✕ 時間外・休日労働
- ✕ 変形労働時間制

生後満1歳に達しない生児を育てる女性

請求 → **育児時間**　1日2回、少なくとも30分

生理日の就業が著しく困難な女性

請求 → **生理休暇**　1日・半日・時間単位で取得可能

4章　労働者派遣に関係してくる労働法の規定

Section 4-9 労働法に規定する育児休業・介護休業

★育児休業・介護休業は派遣労働者にも取得する権利があります。

育児休業・介護休業の申し出は派遣元に対して行なう

育児休業や介護休業は、派遣労働者でも取得することができます。この場合の休業の申し出は、派遣元に対して行なうことになります。

「育児休業」をとることができるのは、原則として子が出生した日から子が1歳に達する日（誕生日の前日）までの間で、派遣労働者が申し出た期間です。子が1歳に達する日に育児休業を取得しており、保育所に入所を希望し、申込みを行なっているが、入所できない場合のように、1歳を超えても休業が特に必要と認められる場合は、子が1歳6か月に達する日まで育児休業をとることができます。

「介護休業」とは、負傷、疾病または身体上もしくは精神上の障害により、2週間以上の期間にわたり常時介護を必要とする状態にある対象家族を介護するためにする休業をいい、対象家族1人につき、要介護状態に至るごとに1回、通算して93日を限度として、原則として派遣労働者が申し出た期間です。

育児休業の場合は社会保険料が免除される

育児休業および介護休業の期間には、派遣元は賃金の支払い義務はありません。ただし、雇用保険には、休業期間中の生活補てんとして育児休業給付や介護休業給付が用意されているので、一定の受給要件を満たす派遣労働者はぜひ活用したいものです。

また、育児休業に関しては、派遣労働者、派遣元ともに子が満3歳になるまで社会保険料（健康保険料・介護保険料・厚生年金保険料）が免除されます。ただし、介護休業の場合は、保険料は免除されないので注意が必要です。

なお、小学校就学前の子を養育する派遣労働者が申し出たときは、1年度において5日を限度として子の看護休暇を与えなければなりません。この看護休暇も派遣元に対して請求することになりますが、この期間についても派遣元は給与の支払い義務はありません。

◎育児休業・介護休業のしくみ◎

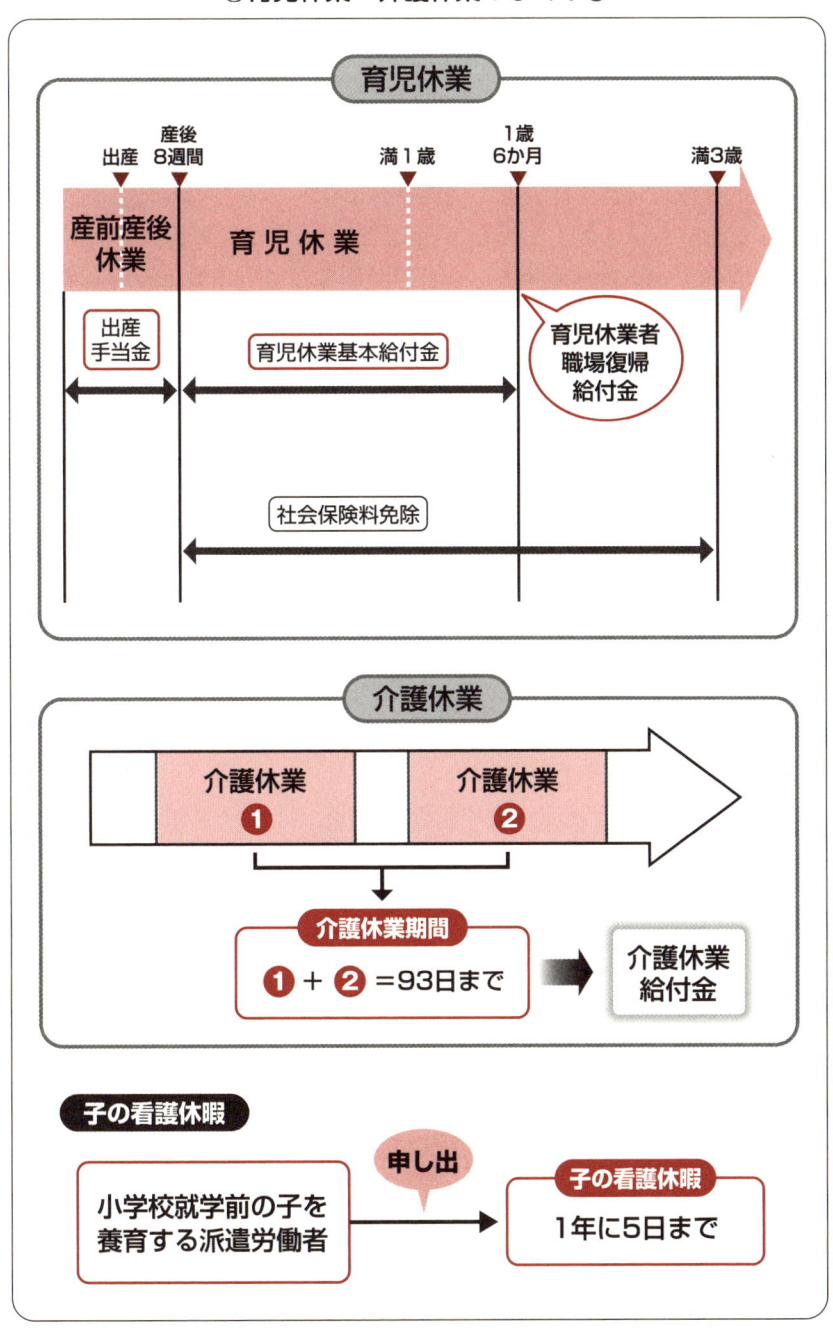

育児休業

| 出産 | 産後8週間 | | 満1歳 | 1歳6か月 | | 満3歳 |

- 産前産後休業
- 育児休業
- 出産手当金
- 育児休業基本給付金
- 育児休業者職場復帰給付金
- 社会保険料免除

介護休業

介護休業❶ ／ 介護休業❷

介護休業期間
❶ + ❷ = 93日まで
→ 介護休業給付金

子の看護休暇

小学校就学前の子を養育する派遣労働者 →（申し出）→ 子の看護休暇 1年に5日まで

4章 労働者派遣に関係してくる労働法の規定

Section 4-10 労働法に規定する就業規則

★常時10人以上の労働者を雇用する派遣元には作成義務があります。

派遣元の就業規則に基づいて派遣先で就業する

派遣元は派遣労働者に対して労働条件を明示するとともに、労働契約を結ぶことになります。しかし、個別に締結された労働契約ごとに、労働者を管理することは実務的に不可能であるため、労働条件の基準を決定し、その基準に従って統一的かつ画一的に運用する必要も生じます。これらを体系的に取りまとめたものが「**就業規則**」です。

派遣労働者は、派遣元が作成した就業規則に基づいて派遣先で就業することになります。派遣元と派遣労働者の間でトラブルが起こった際の多くは、派遣元に対して立証責任が課せられることになります。この立証責任を果たすための根拠の集約が就業規則でもありますから、派遣元は、自社の正規社員とは別に、派遣労働者専用の就業規則を作成すべきといえるでしょう。

常時10人以上の定義と就業規則の記載事項

労働基準法では、「常時10人以上の労働者を使用する使用者は、次に掲げる事項について就業規則を作成し、行政官庁に届け出なければならない」（労基法89条）と定め、労働者を常時10人以上使用している事業場については、使用者に対してその作成義務を課しています。

ここでいう「常時10人以上」とは、常用的に雇用されている派遣労働者だけでなく、短時間の派遣労働者の人数も含まれます。ただし、一般労働者派遣事業において、単に登録しているだけに過ぎず、実際に労働契約を結んでいない者までは含まれません。

就業規則は、①必ず記載しなければならない事項（**絶対的必要記載事項**）、②定めた場合には必ず記載すべき事項（**相対的必要記載事項**）、③記載するかどうか自由な事項（**任意的記載事項**）の３つのカテゴリーに区分されます。とりわけ、派遣先において勤務態度や素行の悪い派遣労働者を派遣してしまった場合、派遣元は信用を失墜させてしまうことになりますから、派遣労働者に対する懲戒や解雇に関する規定は特に重要だといえます。

◎就業規則の役割と記載事項◎

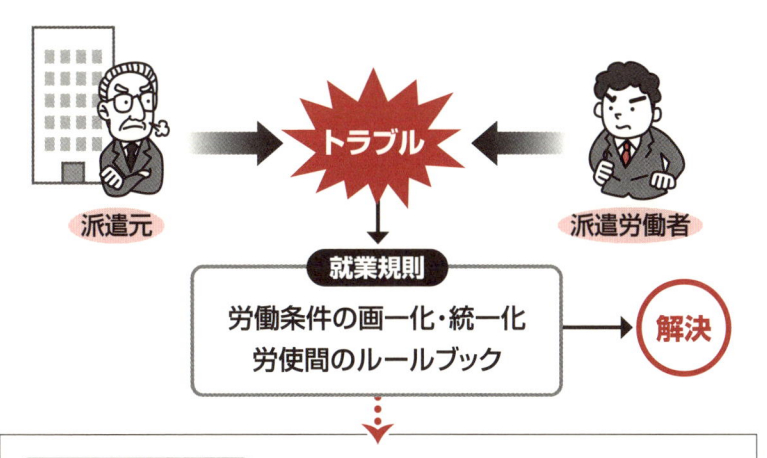

派遣元 → トラブル ← 派遣労働者

↓

就業規則
労働条件の画一化・統一化
労使間のルールブック → 解決

絶対的必要記載事項

- 始業および終業の時刻、休憩時間、休日、休暇ならびに労働者を2組以上に分けて交替に就業させる場合においては、就業時転換に関する事項
- 賃金（臨時の賃金等を除く。以下同じ）の決定、計算および支払いの方法、賃金の締切および支払いの時期ならびに昇給に関する事項
- 退職に関する事項（解雇の事由を含む）

相対的必要記載事項

- 退職手当の定めをする場合においては、適用される労働者の範囲、退職手当の決定、計算および支払いの方法ならびに退職手当の支払いの時期に関する事項
- 臨時の賃金等（退職手当を除く）および最低賃金額の定めをする場合においては、これに関する事項
- 労働者に食費、作業用品その他の負担をさせる定めをする場合においては、これに関する事項
- 安全および衛生に関する定めをする場合においては、これに関する事項
- 職業訓練に関する定めをする場合においては、これに関する事項
- 災害補償および業務外の傷病扶助に関する定めをする場合においては、これに関する事項
- 表彰および制裁の定めをする場合においては、その種類および程度に関する事項
- 以上のほか、当該事業場の労働者のすべてに適用される定めをする場合においては、これに関する事項

任意的記載事項

- 服務規律、誠実勤務、守秘義務等に関する事項
- 人事異動に関する事項
- 競業避止、退職後の競業制限等に関する事項　など

Section 4-11 労働法に規定する健康診断

★派遣労働者は正当な理由なく健診を拒否することはできません。

健康診断の対象となる派遣労働者

　労働安全衛生法上の健康診断は、常時使用する労働者に対して、「雇入れ時および年1回のペースで定期的に実施しなければならない」としています。ここでいう「常時使用する労働者」とは、次のいずれの要件も満たす者をいいます。

①期間の定めのない労働契約により使用される派遣労働者。ただし、有期労働契約の場合であっても、更新が反復継続され、1年以上使用されることが予定されている派遣労働者を含む。
②1週間の所定労働時間がその事業場において同種の業務に従事する派遣先の正規社員の所定労働時間数の4分の3以上である派遣労働者。

特殊健康診断は派遣先に義務づけられている

　派遣元は、派遣労働者に対して労働安全衛生法の規定に基づいて健康診断を実施するわけですが、昨今では、長時間労働によって脳・心疾患や精神障害を患う労働者が増えています。そこで、時間外労働が1か月あたり100時間を超え、かつ疲労蓄積の認められるときは、労働者の申し出により、医師による面接指導の実施が義務づけられています。
　また、労働契約法においては、「使用者は、労働契約に伴い、労働者がその生命、身体等の安全を確保しつつ労働することができるよう、必要な配慮をするものであること」という安全配慮義務が課せられています。
　一方の派遣労働者には、自己保健義務が課せられることになります。したがって、正当な理由なく派遣元が実施する健康診断を受診しないなどという行為は就業規則上の制裁の対象となる場合があります。
　なお、派遣労働者を一定の有害業務に就業させる場合には、**特殊健康診断**を受けさせなければなりませんが、この義務は派遣先に課せられていますので注意が必要です。

◎健康診断を実施するしくみ◎

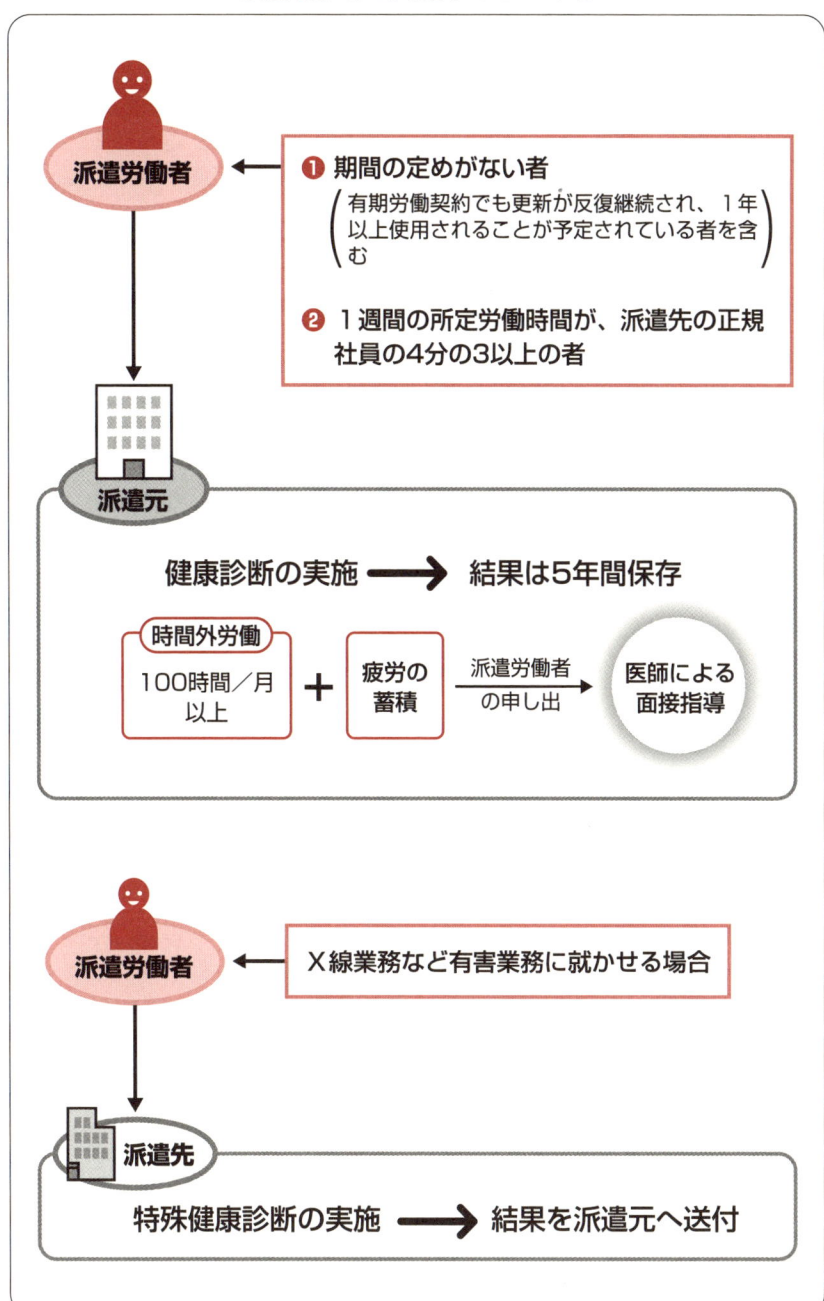

派遣労働者

❶ 期間の定めがない者
（有期労働契約でも更新が反復継続され、1年以上使用されることが予定されている者を含む）

❷ 1週間の所定労働時間が、派遣先の正規社員の4分の3以上の者

派遣元

健康診断の実施 ➡ 結果は5年間保存

[時間外労働] 100時間／月以上 ＋ 疲労の蓄積 — 派遣労働者の申し出 → 医師による面接指導

派遣労働者

X線業務など有害業務に就かせる場合

派遣先

特殊健康診断の実施 ➡ 結果を派遣元へ送付

Section 4-12 労働法に規定するセクハラ防止

★セクハラの被害者となる労働者には派遣労働者も含まれます。

取引先での行為も「職場」のセクハラに該当することに

職場におけるセクシュアル・ハラスメント（セクハラ）は、「労働者」の個人としての尊厳を不当に傷つける社会的に許されない行為であるだけでなく、労働者の能力の有効な発揮を妨げ、また、企業にとっても職場秩序や業務の遂行を阻害するなど、社会的評価に影響を与える問題です。

ここでいう「職場」とは、事業主が雇用する労働者が業務を遂行する場所をさし、労働者が通常就業している場所以外の場所であっても、労働者が業務を遂行する場所であれば「職場」に含まれます。

また、「労働者」には、いわゆる正規労働者のみならず、もちろん派遣労働者も含まれます。

対価型セクハラと環境型セクハラに分かれる

職場のセクハラは、「対価型」と「環境型」に大きく分けられます。

「対価型セクハラ」とは、労働者の意に反する性的な言動に対する労働者の対応（拒否や抵抗等）により、その労働者が解雇、降格、減給、労働契約の更新拒否、昇進・昇格の対象からの除外、客観的に見て不利益な配置転換等の不利益を受けることをいいます。

一方の「環境型セクハラ」とは、労働者の意に反する性的な言動により労働者の就業環境が不快なものとなったため、能力の発揮に重大な悪影響が生じる等その労働者が就業するうえで看過できない程度の支障が生じることをいいます。

このセクハラについては、男女雇用機会均等法により、女性だけでなく男性もその対象となるほか、雇用管理上必要な9項目の措置（右ページ参照）を講ずることを派遣元および派遣先に義務づけたり、是正指導に応じない場合には企業名の公表の対象にし、さらには、報告聴取に応じないまたは虚偽の報告をした場合には20万円以下の過料に処するなど、事業主に対するセクハラ対策が強化されています。

◎セクハラの種類と必要な措置◎

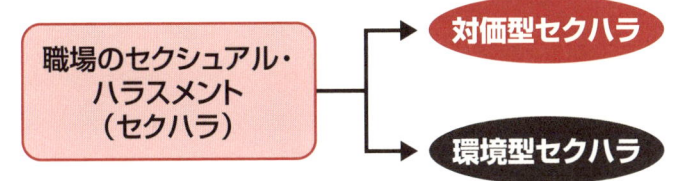

職場のセクシュアル・ハラスメント（セクハラ）
→ 対価型セクハラ
→ 環境型セクハラ

事業主が雇用管理上講ずべき措置

❶ セクハラがあってはならない旨の方針を明確化し、管理・監督者を含む労働者に周知・啓発すること

❷ 行為者については、厳正に対処する旨の方針および対処の内容を就業規則その他の職場における職務規律等を定めた文書に規定し、管理・監督者を含む労働者に周知・啓発すること

❸ 相談窓口をあらかじめ定めること

❹ 相談窓口の担当者が、内容や状況に応じて適切に対応できるようにすること

❺ 相談の申し出があった場合、事実関係を迅速かつ正確に確認すること

❻ 職場におけるセクハラが生じた事実が確認できた場合には、行為者に対する措置および被害者に対する措置をそれぞれ適正に行なうこと

❼ 再発防止に向けた措置を講ずること

❽ 相談者・行為者等のプライバシーを保護するために必要な措置を講じ、周知すること

❾ 労働者が相談したことまたは事実関係の確認に協力したこと等を理由として、不利益な取扱いを行なってはならない旨を定め、労働者に周知・啓発すること

これらの措置は、派遣労働者に対しては、派遣元事業主のみならず、派遣先事業主も講じなければならない！

4章　労働者派遣に関係してくる労働法の規定

Section 4-13 派遣労働者が労働災害にあったら

★災害補償責任は派遣元にあり、派遣元の労災保険を使います。

派遣先にも安全配慮義務がある

　派遣労働者が、派遣先での就業中に労働災害によりケガや疾病を発症した場合は、労働基準法上の災害補償責任は派遣元が負うため、**派遣元の労災保険を利用する**ことになります。この点については、行政解釈でも次のような理由で派遣元に災害補償責任を課しています。
①派遣元事業主は、労働者の派遣先事業場を任意に選択できる立場にあり、労災事故の起きた派遣先事業主と労働者派遣契約を締結し、それに基づいて労働者を派遣したことに責任がある。
②派遣元事業主は、派遣労働者を雇用し、自己の業務命令によって派遣先の事業場において就労させているので、派遣労働者を雇用している者として、派遣先の事業場において派遣労働者の安全衛生が確保されるよう十分に配慮する責任がある。

　しかし、現に就業していたのは派遣先ですから、派遣先も使用者責任を免れるわけではありません。派遣先には、労働安全衛生法上の使用者責任があり、派遣労働者に対して民事上の安全配慮義務を負っています。

　このため、派遣先の設備の欠陥や労働安全衛生法上に違反する労働環境、派遣先の従業員の過失などが原因で事故にあって負傷した場合は、派遣労働者は派遣先に対して損害賠償を請求することができます。

　実際に労働災害が生じてしまったら、派遣元・派遣先の双方が「労働者死傷病報告」を作成し、それぞれが所轄労働基準監督署長に提出しなければなりません。この提出を怠ると、いわゆる「**労災隠し**」とみなされてしまいます。派遣先は、労働者死傷病報告を提出したときは、遅滞なく、その写しを派遣元に送付する必要があります。

　また、派遣先では、労働災害の発生原因を調査し、再発防止対策を講じる必要があります。この労働災害の発生原因や再発防止対策は、安全委員会等で調査審議する事項となっています

　なお、派遣労働者に係る労災保険は、労働時間の長さや契約期間の長さにかかわらず、すべての派遣労働者が対象となり、雇用主である派遣元で加入手続きをとる必要があります。

◎労働災害の発生と派遣元・派遣先の責任◎

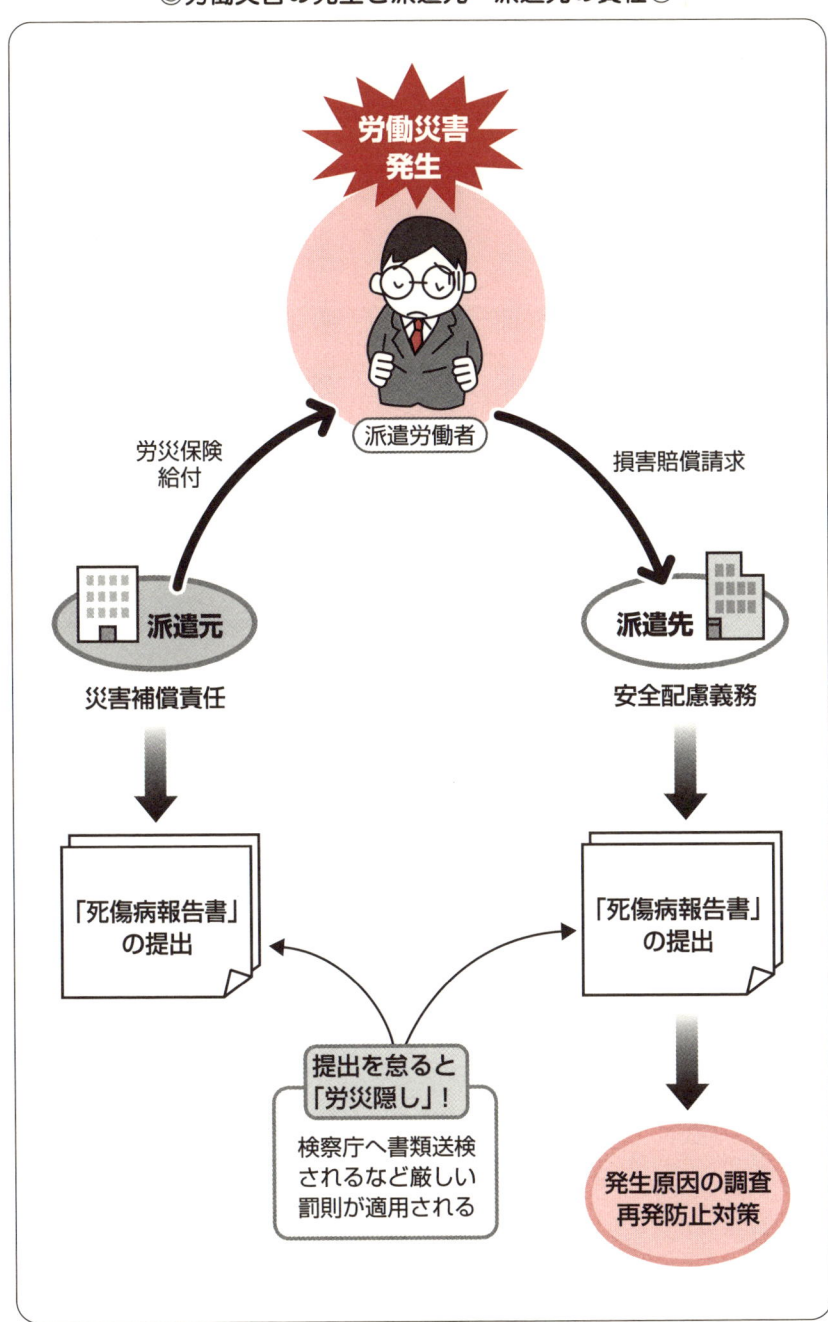

```
              労働災害
               発生
                ★
               👤
            派遣労働者

  労災保険                     損害賠償請求
   給付

  🏢                            🏢
  派遣元                         派遣先

 災害補償責任                   安全配慮義務

   ↓                            ↓

「死傷病報告書」              「死傷病報告書」
  の提出            ←→          の提出

        提出を怠ると
        「労災隠し」!              ↓
        検察庁へ書類送検
        されるなど厳しい        発生原因の調査
        罰則が適用される        再発防止対策
```

4章 労働者派遣に関係してくる労働法の規定

COLUMN

●「はけんけんぽ」とは●

　短期・断続就労に伴う派遣社員の生活の安定と福祉の増進に努めるため、平成14年5月1日に人材派遣健康保険組合（はけんけんぽ）が設立されました。「はけんけんぽ」は、終身雇用を前提とした一般の健康保険組合とは異なり、派遣労働者の特性にあわせた独自の特徴をもっています。

　一般社員の場合は、会社を辞めるとその会社で加入していた健康保険の資格を喪失することになります。しかし、「はけんけんぽ」に加入している派遣労働者は、派遣契約期間が終了して派遣元との雇用契約も終了した場合でも、次の派遣に就業するまでの間、下記の要件を満たすことで引き続き被保険者となることができます。

①同じ派遣元で、登録型の派遣労働者として就業すること
②派遣契約終了時に、次の派遣（1か月以上の契約）が確実に見込まれていること
③次の派遣が1か月以内に開始されること

　また、「はけんけんぽ」に継続して2か月以上加入していれば、被保険者でなくなった場合でも、本人の申請があれば引き続き被保険者となる「任意継続被保険者」となることもできます。この場合、被保険者ではなくなった日から20日以内に申請することが必要ですが、派遣契約終了日があらかじめ決まっている場合は、1か月前から受理してもらえます。

　「はけんけんぽ」の保険料は、標準報酬月額に健康保険で1,000分の76、介護保険で1,000分の19の保険料率を乗じて計算されます（平成20年6月20日現在）が、この「はけんけんぽ」の保険料率は、政府管掌健康保険よりも低率で割安です。また、保険料の負担割合は被保険者と事業主の折半になっています。

　なお、派遣元会社によっては、自社やグループ企業が独自にもつ健康保険組合に加入できる場合もあります。

5章

派遣労働者に対する給与・社会保険の取扱いと事務手続き

給与計算事務は派遣元が行ないます。

Section 5-1 派遣労働者への給与の支払い方法

★派遣労働者への給与は派遣元が支払います。

賃金を支払う際には5つのルールがある

　労働基準法では、「賃金とは、賃金、給与、手当、賞与その他名称の如何を問わず、労働の対償として使用者が労働者に支払うすべてのものをいう」（労基法11条）と定義しています。つまり、給与は派遣元が派遣労働者に支払うものであって、それが労務の対価である必要があるわけです。

　また、賃金を支払う際には、労基法で一定のルールが定められており、これを「**賃金支払いの5原則**」といいます。5つの原則とは、以下のとおりです。

①**通貨払いの原則**
　賃金は、通貨で支払わなければなりません。

②**直接払いの原則**
　賃金は直接、派遣労働者に支払わなければなりません。

③**全額払いの原則**
　賃金は、その全額を支払わなければなりません。

④**毎月1回以上払いの原則**
　毎月初日から月末までの間に、少なくとも1回は賃金を支払わなければなりません。

⑤**一定期日払いの原則**
　一定期日とは、「毎月25日」「毎月末日」というように支払期日を特定することが必要です。

　派遣先は、派遣元に対して派遣料金を支払いますが、身近で就業している派遣労働者に対して賃金を支払うような考慮は必要ありません。派遣労働者に賃金を支払う義務があるのはあくまでも派遣元です。

　また、登録型の一般労働者派遣事業における派遣労働者の賃金は、時間給で支払われることがほとんどですが、最低賃金法の規定により最低賃金額を下回ることは許されません。この場合、派遣先の地域（産業）の最低賃金が適用されます。

◎賃金支払いの5原則とは◎

賃金
❶ 使用者が労働者に支払うものであること
❷ 労働の対償として支払うものであること

賃金支払いの5原則

❶ **通貨払いの原則**
小切手や現物で支払うことはできない

例外 →
- 労働協約に定められた通勤手当、住宅貸与の現物給付
- 銀行振込、証券総合口座振込(派遣労働者の同意が必要)
- 退職金の銀行振出小切手、郵便為替による支払い

❷ **直接払いの原則**
仕事の仲介人や代理人に支払ってはならない

例外 →
通達で次のようなものは認められています。
- 使者たる家族への支払い
- 派遣先の使用者を通じての支払い

❸ **全額払いの原則**
労働者への貸付金その他のものを控除してはならない

例外 →
- 法令により定められた所得税、住民税、社会保険料の控除
- 労使の書面協定による組合費、互助会費など

❹ **毎月1回以上払いの原則**
毎月1回以上支払うこと

例外 →
- 臨時に支払われる賃金、退職金、賞与、結婚祝金など
- 1か月を超えて支払われる勤続手当、精勤手当など

❺ **一定期日払いの原則**
一定の期日に支払うこと

5章 派遣労働者に対する給与・社会保険の取扱いと事務手続き

Section 5-2 派遣労働者への賞与と退職金の支払い

★支給される場合には派遣元の就業規則等に基づきます。

賞与の支払いの有無は労働条件通知書等に明示される

わが国の賃金体系の慣例として**賞与**（いわゆるボーナス）が支払われています。通常は、夏季と年末の年2回支給されますが、黒字決算だった場合に社員に報いる形で決算賞与が支払われる場合もあります。ただし、賞与はなにも必ず支払わなければならないものではありません。会社が就業規則や給与規程などに規定した場合で、支払時期、対象社員、計算期間、計算方法などを定めて、初めて支払われるものです。

登録型の一般労働者派遣事業の場合は、賞与が支払われないケースがほとんどですが、派遣元の就業規則や給与規程にどのように規定されているかによることになります。また、派遣が行なわれるつど、派遣労働者に明示される労働条件通知書や労働契約書にも個別的に明記されることになります。

人材派遣では、退職金が支払われるケースは稀

退職金も、わが国においては広くいきわたっている制度ですが、法律に支払いが義務づけられているものではなく、賞与と同様に就業規則や退職金規程などに規定して初めて支払われるものです。

退職金支給の目的は諸説ありますが、優秀な人材の確保と長期雇用の維持がその一つです。つまり、退職金の額は勤続年数が長くなればなるほど高くなるように設定することで、優秀な人材をなるべく長く雇用したいという思惑があるわけです。

人材派遣という雇用形態は、期間の定めのある労働契約である場合が多く、長期の雇用を期待して雇用されるものではないため、退職金制度の適用を受けている派遣労働者はほとんどいないといっても過言ではないでしょう。

このように、賞与や退職金は、派遣元が就業規則や労働条件通知書等に定めることで、その有無や支給方法などを定めることができます。

◎賞与、退職金が支払われるしくみ◎

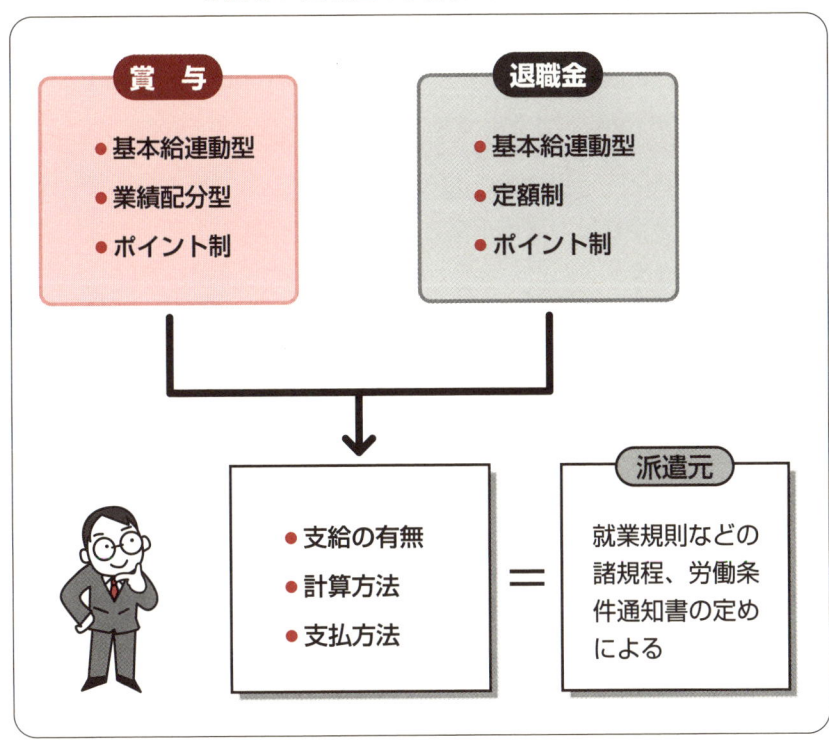

賞　与
- 基本給連動型
- 業績配分型
- ポイント制

退職金
- 基本給連動型
- 定額制
- ポイント制

↓

- 支給の有無
- 計算方法
- 支払方法

＝

派遣元
就業規則などの諸規程、労働条件通知書の定めによる

◎人材派遣と退職金◎

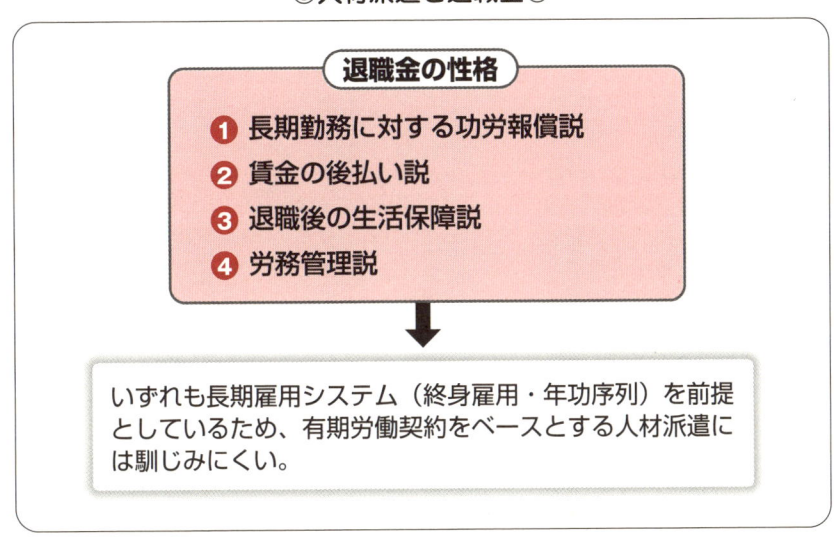

退職金の性格
1. 長期勤務に対する功労報償説
2. 賃金の後払い説
3. 退職後の生活保障説
4. 労務管理説

↓

いずれも長期雇用システム（終身雇用・年功序列）を前提としているため、有期労働契約をベースとする人材派遣には馴じみにくい。

Section 5-3 派遣労働者に適用される社会保険

★社会保険は一定要件を満たせば派遣労働者にも適用されます。

狭義の社会保険と広義の社会保険

「**社会保険**」とは、**健康保険**や**厚生年金保険**という狭義で解釈される場合のほかに、**労災保険**や**雇用保険**といった**労働保険**も含めて広義に解釈する場合があります。

狭義の社会保険のポイントは、すべて「**業務外**」であるということです。つまり、私生活における病気やケガが原因で医療機関にかかったり、介護サービスを受けたりする場合に保険給付を受けられるほか、老齢・障害・遺族となった場合に、年金を受け取ることができます。

労災保険は業務上による場合に保険給付が行なわれる

労働保険は、労災保険と雇用保険に分けられ、どちらも「仕事」がからんできます。労災保険は、狭義の社会保険とは異なり、「**業務上**」による病気、ケガ、要介護状態となった場合のほか、障害を負ったり、死亡したりした場合に一時金や年金給付が行なわれるものです。また、通勤途上による災害に対しても保険給付が行なわれます。

雇用保険は、失業した場合の生活補てんとしてのいわゆる「失業保険(失業手当)」のことですが、少子高齢化の社会情勢に対応して、高齢、育児、介護によって仕事を辞めずにすむように、在職中であっても受けられる給付もあります。

こうした社会保険制度は、一定要件を満たせばもちろん派遣労働者にも適用されます。派遣元は、派遣労働者一人ひとりの就業条件に応じて加入手続きをとる必要があります。これを怠ったり失念したりすると、後でまとまった金額の保険料を徴収されることになるので注意しましょう。

> **知っトク！ 人材派遣健康保険組合**
>
> 健康保険制度には、政府管掌健康保険と健康保険組合管掌健康保険の2種類があり、人材派遣の分野でも人材派遣健康保険組合が設立されている。加入できるのは派遣元の人材派遣会社だが、福利厚生と社会保険料のセーブの観点から活用する価値は十分にあるといえる(120ページ参照)。

◎社会保険制度の体系◎

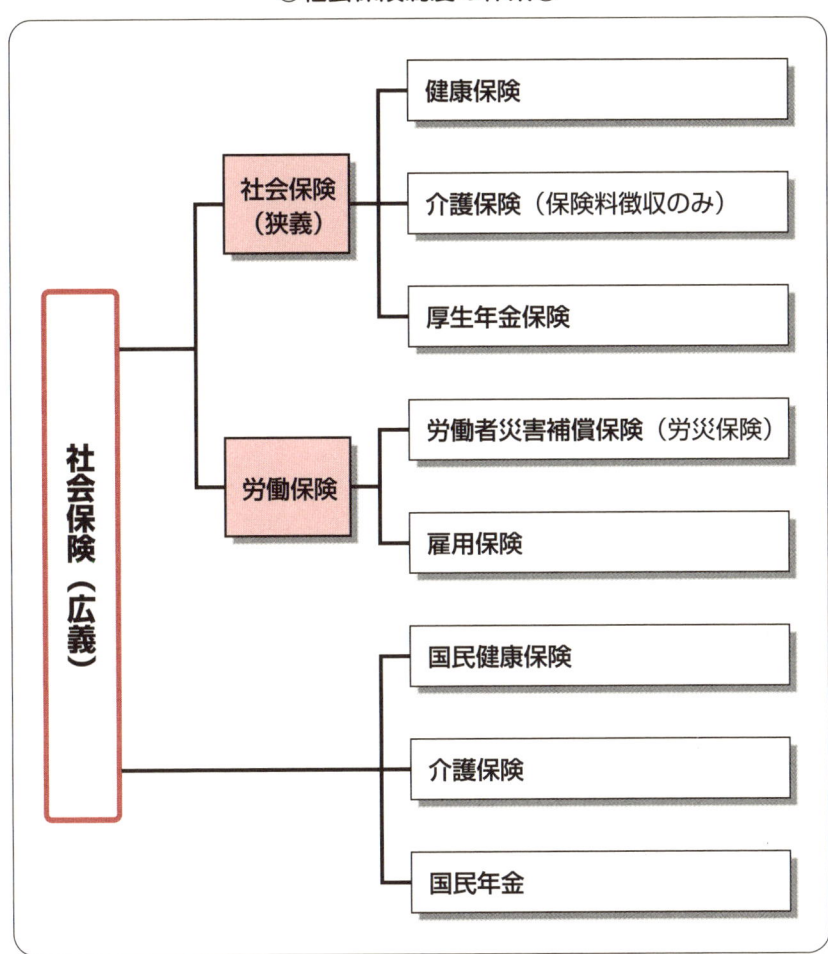

- 社会保険（広義）
  - 社会保険（狭義）
    - 健康保険
    - 介護保険（保険料徴収のみ）
    - 厚生年金保険
  - 労働保険
    - 労働者災害補償保険（労災保険）
    - 雇用保険
  - 国民健康保険
  - 介護保険
  - 国民年金

◎社会保険の給付が適用になる場合とは◎

	業務上の災害	通勤途上の災害	業務外の災害
健康保険	×	×	○
厚生年金保険	○	○	○
労災保険	○	○	×

Section 5-4 派遣労働者に適用される医療保険制度

★派遣元は健康保険の知識をしっかりもっておく必要があります。

健康保険が適用になるとさまざまな給付を受けられる

「**健康保険**」制度は、仕事中や通勤途上に関係なく、プライベートな時間に病気やケガをしたときに必要な保険給付が行なわれるものです。派遣就業中など業務に起因するような病気やケガに対しては、労災保険が適用になります。

健康保険というと、風邪をひいたりケガを負ったりした場合に、医療機関の窓口で被保険者証を提示して診察を受けるイメージが先行しますが、保険給付には他にもたくさんあります。

たとえば、手術や入院などで窓口負担が高額になった場合には、一定額が返戻される「**高額療養費**」がありますし、療養のために仕事をすることができない場合には、生活保障として給付される「**傷病手当金**」があります。また、被保険者が出産した場合には「**出産手当金**」や「**出産育児一時金**」が支給されます。

しかし、これらの保険給付は「請求主義」とされているので、そのことを知らずに請求しなければ給付されません。派遣元は、このような制度の知識をもっていないと、派遣労働者が受給できるはずの保険給付の請求を失念してしまうことにもなりかねません。派遣労働者との信頼関係を築く意味でも、しっかりと対応すべきでしょう。

健康保険に加入できる要件は

狭義の社会保険(健康保険、介護保険、厚生年金保険)は一つのセットとして加入することになります。したがって、健康保険はもちろん、それぞれ個別に加入することはできません。

加入要件は、派遣労働者の1週間の所定労働時間および1か月の所定労働日数が、**同種の業務に従事する正規社員の4分の3以上**であれば、被保険者となります。ただし、右ページ下図のような者は加入できないので注意を要します。また、加入要件を満たしているにもかかわらず、資格取得手続きをとらなかった場合には、最長2年間遡及して保険料を徴収されることがあるので、加入漏れのないようにしましょう。

◎健康保険の給付のパターン◎

保険事故		被保険者への給付	被扶養者への給付
病気やケガをしたとき	被保険者証で治療を受けるとき	●療養の給付 ●入院時食事療養費 ●入院時生活療養費 ●保険外併用療養費 ●訪問看護療養費	●家族療養費 ●家族訪問看護療養費
	立替払いのとき	●療養費 ●高額療養費 ●高額介護合算療養費	●家族療養費 ●高額療養費 ●高額介護合算療養費
	緊急時などに移送されたとき	●移送費	●家族移送費
	療養のために会社を休んだとき	●傷病手当金	──
出産したとき		●出産手当金 ●出産育児一時金	●家族出産育児一時金
死亡したとき		●埋葬料（費）	●家族埋葬料
退職したあと （継続または一定期間の給付）		●傷病手当金 ●出産手当金 ●出産育児一時金 ●埋葬料（費）	──

適用除外者

❶ **日々雇い入れられる人**
（ただし、引き続き1か月以上使用されると被保険者）

❷ **2か月以内の期間を定めて使用される人**
（ただし、定められた期間を超えて引き続き使用されると被保険者）

❸ **季節的業務（4か月以内）に使用される人**
（ただし、継続して4か月を超えて使用される見込みの人は当初から被保険者）

❹ **臨時的事業の事業所（6か月以内）に使用される人**
（ただし、継続して6か月を超えて使用される見込みの人は当初から被保険者）

Section 5-5 派遣労働者に適用される公的年金制度

★一定の条件を満たす派遣労働者は厚生年金保険に加入します。

公的年金制度のしくみ

公的年金制度は、一般的に「2階建て」とか「3階建て」などといわれています。つまり、1階が**国民年金**（**基礎年金**）、2階に**厚生年金保険**、さらに会社によっては**厚生年金基金**が上乗せされて3階建てとなっているためです。

国民年金は、これらの公的年金制度の土台となる年金制度で、日本に居住する20歳以上60歳未満のすべての人が加入することになっています。民間企業に勤務するサラリーマンやOLは厚生年金保険に、公務員等は職域別に各共済組合等にも「二重に加入」することになっています。

国民年金の加入者には、すべての国民共通のそれぞれの「基礎年金」が支給され、厚生年金保険の加入者には、それぞれの「厚生年金」が、共済組合等の加入者には、それぞれの「共済年金」が支給されます。

また、国民年金には上記のほかに第1号被保険者への独自給付として「付加年金」「寡婦年金」「死亡一時金」および短期在留外国人への「脱退一時金」があります。

登録型の一般労働者派遣事業の場合には要注意

派遣労働者は、1週間の所定労働時間および1か月の所定労働日数が、同種の業務に従事する正規社員の4分の3以上であれば、厚生年金保険の被保険者となります。就業時間が短いなど、要件を満たさない場合は、住所地の市区町村で国民年金に加入することになります。

社会保険は派遣元で加入するので、派遣先がいくら変わっても、派遣元が変わらず雇用関係が継続していれば引き続き被保険者となります。

ただし、特に登録型の一般労働者派遣事業の場合は、派遣元が頻繁に変更されることも少なくありません。昨今は、厚生年金の加入履歴の管理が問題となっているので、派遣元は派遣労働者とのトラブルを避ける意味でもしっかり管理することが重要です。

◎公的年金制度の体系◎

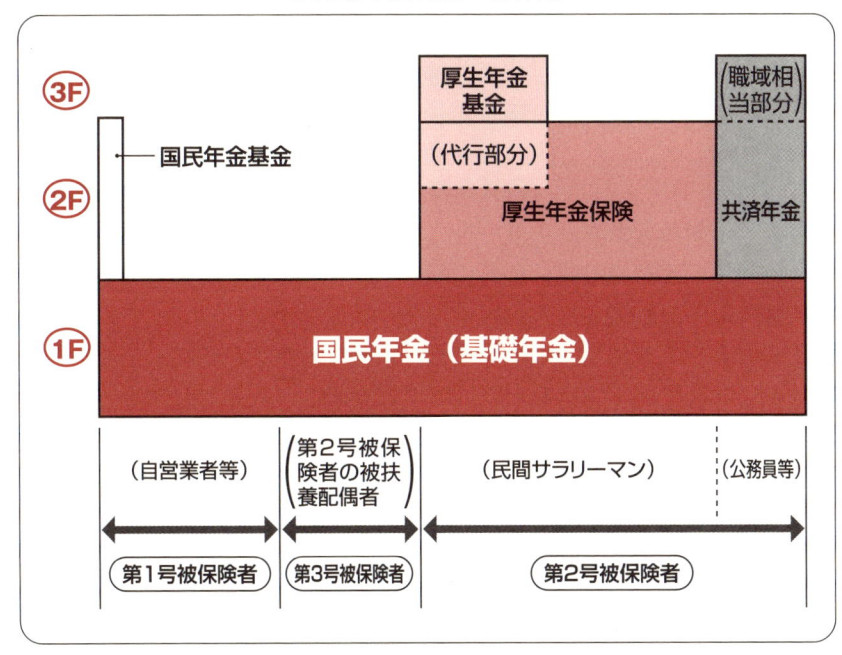

階	自営業者等	第2号被保険者の被扶養配偶者	民間サラリーマン	公務員等
3F			厚生年金基金	(職域相当部分)
2F	国民年金基金		(代行部分)／厚生年金保険	共済年金
1F	国民年金（基礎年金）			
区分	第1号被保険者	第3号被保険者	第2号被保険者	

◎種別の変更が必要なとき◎

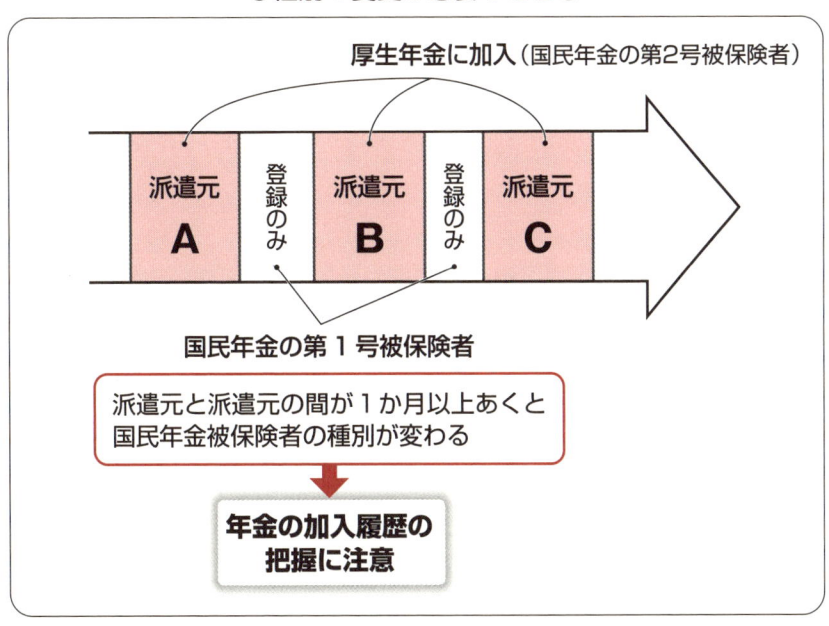

厚生年金に加入（国民年金の第2号被保険者）

派遣元A → 登録のみ → 派遣元B → 登録のみ → 派遣元C

国民年金の第1号被保険者

派遣元と派遣元の間が1か月以上あくと国民年金被保険者の種別が変わる

→ **年金の加入履歴の把握に注意**

5章 派遣労働者に対する給与・社会保険の取扱いと事務手続き

Section 5-6 派遣労働者と労災保険の適用

★業務上、通勤途上のケガ等には正社員同様、保険給付が適用になります。

労災保険から受けられる給付の種類

「**労働者災害補償保険**」（**労災保険**）は、業務上の事由または通勤途上において、派遣労働者がケガを負ったり、疾病を患ったり、身体に障害が残ったり、または不幸にも死亡してしまった場合に、被災労働者やその家族に対して必要な保険給付を行なう制度です。

派遣労働者が事業主の支配下にある状態において、その従事する業務やその業務に付随する行為が原因で災害が起こり、それによって派遣労働者が傷病等を被った場合、派遣元は労働基準法に基づく災害補償責任を負わなければなりません。

しかし、労働災害が起こるつど必要な補償を行なっていると、派遣元は資金面において十分な責任担保能力が維持できないため、使用者が保険料を負担し合うというのが労災保険制度です。

適用される労災保険率は、派遣先の業務の実態によって判断されます。複数の業務に労働者を派遣している派遣元においては、主たる派遣先の業務によって労災保険率が決まります。

なお、労災保険から受けられるおもな保険給付は次のとおりですが、業務上のみならず、通勤途上の災害による負傷、疾病、障害または死亡についても保険給付が行なわれることになっています。ただし、通勤経路を逸脱したり、中断した場合は、原則として通勤途上とは認められません。

●療養（補償）給付…病気やケガ等により労災指定病院等で治療を受ける場合
●休業（補償）給付…療養のため4日以上休業し、給料が受け取れない場合
●障害（補償）給付…身体に障害が残り、一定の障害等級に該当した場合
●遺族（補償）給付…労働者が死亡し、一定要件を満たす遺族が存在する場合
●二次健康診断等給付…災害発生の予防を目的とする保険給付

◎労災保険の給付の種類◎

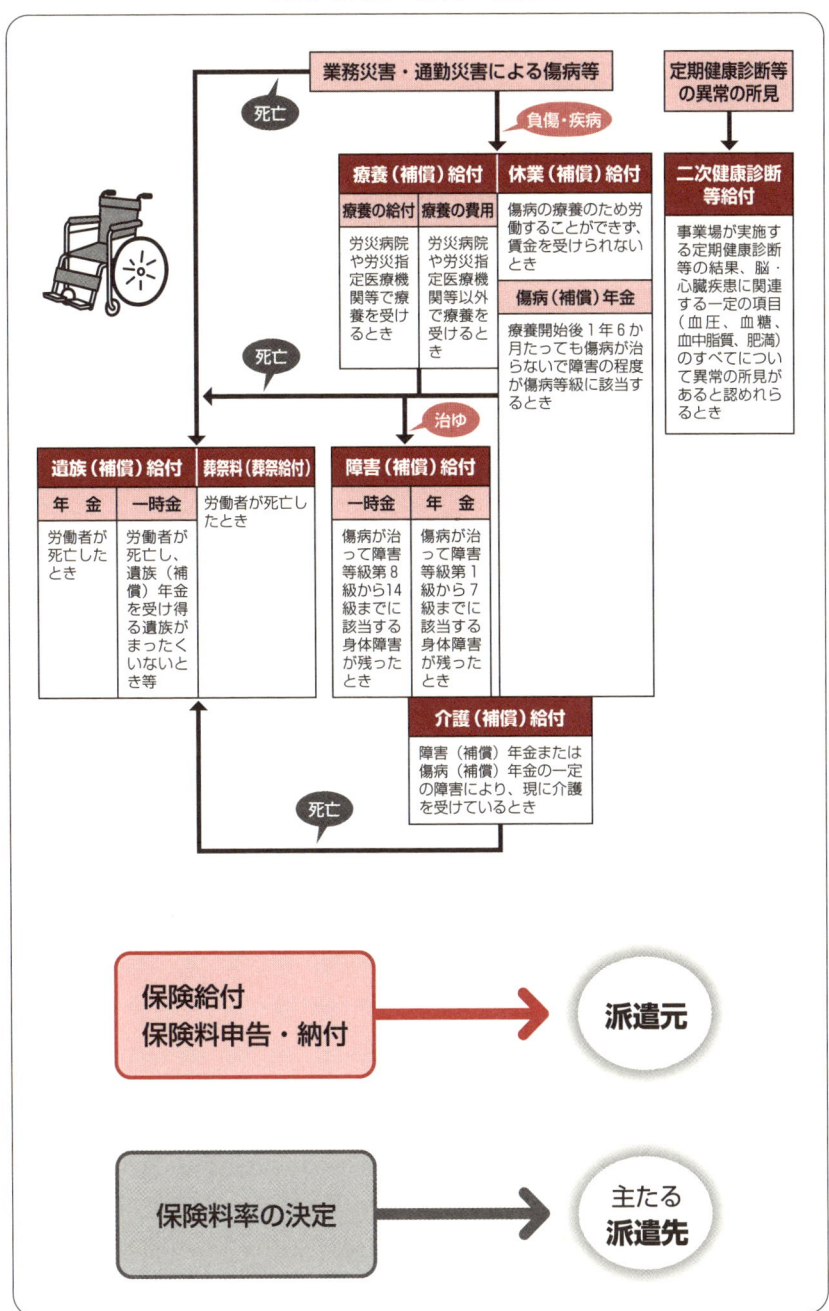

```
業務災害・通勤災害による傷病等          定期健康診断等
                                        の異常の所見
    │死亡        │負傷・疾病
    │            ↓
    │    ┌─────────────┬─────────────┐    ┌─────────────┐
    │    │療養(補償)給付│休業(補償)給付│    │二次健康診断  │
    │    ├──────┬──────┤              │    │等給付        │
    │    │療養の│療養の│傷病の療養の  │    │              │
    │    │給付  │費用  │ため労働する  │    │事業場が実施す│
    │    │労災病│労災病│ことができず、│    │る定期健康診断│
    │    │院や労│院や労│賃金を受けら  │    │等の結果、脳・│
    │    │災指定│災指定│れないとき    │    │心臓疾患に関連│
    │    │医療機│医療機├─────────────┤    │する一定の項目│
    │    │関等で│関等以│傷病(補償)年金│    │(血圧、血糖、 │
    │    │療養を│外で療│              │    │血中脂質、肥満│
    │    │受ける│養を受│療養開始後1年 │    │)のすべてにつ│
    │    │とき  │けると│6か月たっても│    │いて異常の所見│
    │    │      │き    │傷病が治らな  │    │があると認めら│
    │    │      │      │いで障害の程  │    │れるとき      │
    │    │      │      │度が傷病等級  │    └─────────────┘
    │死亡│      │      │に該当すると  │
    │    │      │      │き            │
    │    │      │      │              │
    ↓    │      │      │    │治ゆ
┌────┬────┐┌────┐┌─────────────┐
│遺族(補償)│葬祭料  ││障害(補償)給付│
│給付      │(葬祭給付)├──────┬──────┤
├────┬────┤労働者が││一時金│年 金 │
│年 金│一時金│死亡した││傷病が│傷病が│
│労働者│労働者│とき    ││治って│治って│
│が死亡│が死亡│        ││障害等│障害等│
│したと│し、遺│        ││級第8 │級第1 │
│き    │族(補 │        ││級から│級から│
│      │償)年 │        ││14級ま│7級まで│
│      │金を受│        ││でに該│に該当│
│      │け得る│        ││当する│する身│
│      │遺族が│        ││身体障│体障害│
│      │まった│        ││害が残│が残っ│
│      │くいな│        ││ったと│たとき│
│      │いとき│        ││き    │      │
│      │等    │        ││      │      │
└────┴────┘└────┘└──────┴──────┘
                         ┌─────────────┐
                         │介護(補償)給付│
                         │障害(補償)年金│
                         │または傷病(補 │
                         │償)年金の一定 │
                    │死亡│の障害により、│
                         │現に介護を受  │
                         │けているとき  │
                         └─────────────┘
```

| 保険給付 保険料申告・納付 | → | **派遣元** |

| 保険料率の決定 | → | 主たる **派遣先** |

Section 5-7 派遣労働者と雇用保険の適用

★一般の社員とは異なる取扱いがあるので要注意です。

派遣労働者が雇用保険の被保険者となる条件

「雇用保険」とは、かつては"失業保険"と呼ばれ、失業者の生活安定を図るために一定の給付を受けることができる制度でしたが、近年は失業した場合のみならず、就職促進や雇用継続、教育訓練など、失業を未然に防ぐ機能もあわせもっています。

登録型の一般労働者派遣事業では、派遣労働者の就業形態は多種多様であり、短期間でしか就労しない者など、雇用保険の被保険者として取り扱うことが適当でない者が含まれています。そこで、以下のような一定の基準を設けて、この基準を満たした場合に被保険者となることとしています。

①反復継続して派遣就業するものであること
- 1つの派遣元事業主に1年以上引き続き雇用されることが見込まれるとき
- 1つの派遣元事業主との間の雇用契約が1年未満であっても、雇用契約の間隔が短く、その状態が通算して1年以上続く見込みがあるとき

②1週間の所定労働時間が20時間以上であるとき

登録型派遣の場合の適用要件

また、登録型派遣の場合は、派遣と派遣の間隔が短い場合は上記①の「引き続き雇用されることが見込まれる」とみなされます。この取扱いの適用を受けるのは、次のような場合です。

- 2か月程度以上の労働者派遣を1か月程度以内の間隔で反復して雇用する場合
- 1か月以内の労働者派遣を数日以内の間隔で反復して雇用する場合

このように、雇用保険では派遣労働者と一般の社員とは異なる取扱いをしているわけですが、両者をハッキリ区分するために派遣労働者の雇

◎雇用保険の被保険者となる場合◎

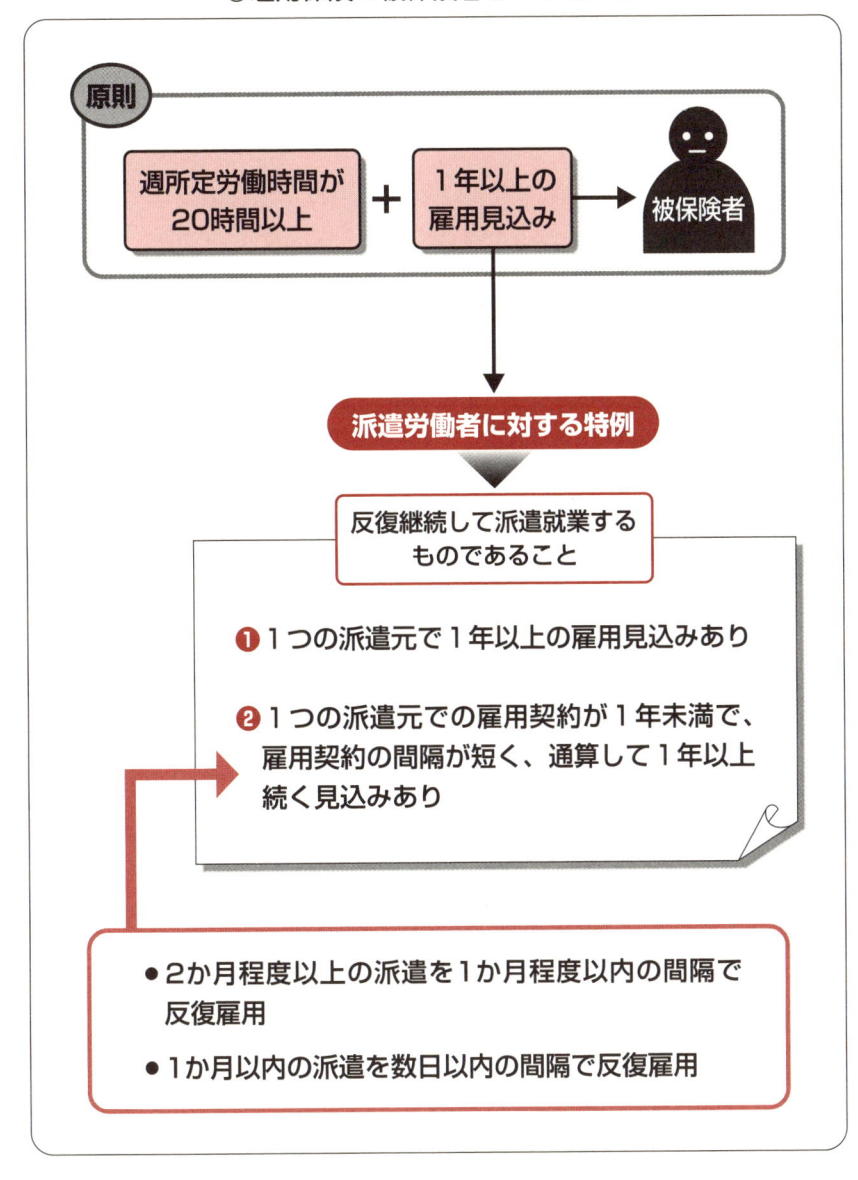

原則

週所定労働時間が20時間以上 ＋ 1年以上の雇用見込み → 被保険者

派遣労働者に対する特例

反復継続して派遣就業するものであること

❶ 1つの派遣元で1年以上の雇用見込みあり

❷ 1つの派遣元での雇用契約が1年未満で、雇用契約の間隔が短く、通算して1年以上続く見込みあり

- 2か月程度以上の派遣を1か月程度以内の間隔で反復雇用
- 1か月以内の派遣を数日以内の間隔で反復雇用

用保険被保険者証には、「派」というスタンプが押印されています。

　なお、派遣労働者が雇用保険の資格を取得する際には、確認資料として派遣元管理台帳の添付が必要となります。

Section 5-8 日雇い派遣労働者と健康保険・雇用保険の適用

★適用要件を満たす場合には、いずれも被保険者となることができます。

「日雇派遣指針」で保険加入が促進されている

日雇い派遣労働者については、不安定な雇用形態であることから、医療保険や失業保険（失業手当）などの制度の周知が行き届かず、無保険のままの生活を余儀なくされ、十分な医療や生活保障を得られていないケースが見受けられます。

そこで、「日雇派遣指針」（18ページ参照）では、労働保険や社会保険の適用の促進を掲げ、日雇い派遣労働者であっても、健康保険や雇用保険に加入し、保険給付を受けることができる旨の周知を図っています。

●健康保険（日雇特例被保険者）への加入

日々または2か月以内の期間を定めて雇用される日雇い派遣労働者が、健康保険の適用事業所に使用されると、「**日雇特例被保険者**」となることができます。この場合、派遣労働者本人が社会保険事務所に対して「日雇特例被保険者手帳」の交付申請を行ないます。

派遣元は、手帳を所持している派遣労働者を日雇派遣労働の形態で雇用して、その者を使用する日ごとに、郵便局で購入する健康保険印紙を貼付します。

日雇特例被保険者は、医療機関で受診する月の前2か月間に26枚（または前6か月間に78枚）以上の健康保険印紙が手帳に貼られていると、保険給付を受けることができます。

●雇用保険（日雇労働被保険者）への加入

日々または30日以内の期間を定めて雇用されている派遣労働者が、雇用保険の適用事業所に使用されると「**日雇労働被保険者**」になることができます。この場合、派遣労働者本人がハローワークに対して、「日雇労働被保険者手帳」の交付申請を行ないます。

派遣元は、手帳を所持する派遣労働者を日雇派遣労働の形態で雇用し、賃金を支払うつど、手帳に雇用保険印紙を貼付します。

日雇労働被保険者は、前2か月間に26枚以上の雇用保険印紙が手帳に貼られていると、保険給付を受けることができます。

◎日雇い派遣労働者の保険加入の流れ◎

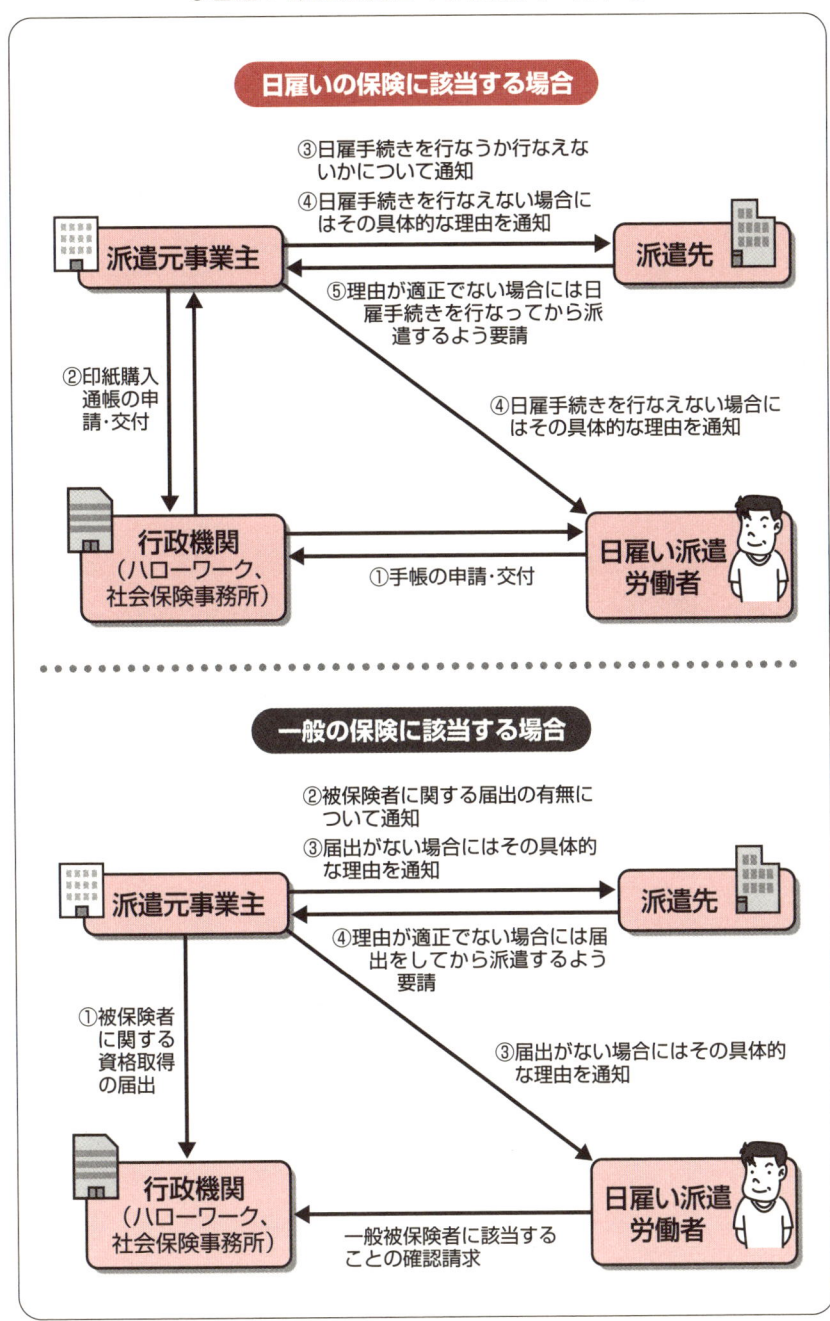

日雇いの保険に該当する場合

派遣元事業主 → 派遣先
③日雇手続きを行なうか行なえないかについて通知
④日雇手続きを行なえない場合にはその具体的な理由を通知

派遣元事業主 ← 派遣先
⑤理由が適正でない場合には日雇手続きを行なってから派遣するよう要請

派遣元事業主 ⇔ 行政機関（ハローワーク、社会保険事務所）
②印紙購入通帳の申請・交付

日雇い派遣労働者 → 派遣元事業主
④日雇手続きを行なえない場合にはその具体的な理由を通知

行政機関（ハローワーク、社会保険事務所） ⇔ 日雇い派遣労働者
①手帳の申請・交付

一般の保険に該当する場合

派遣元事業主 ← 派遣先
②被保険者に関する届出の有無について通知
③届出がない場合にはその具体的な理由を通知

派遣元事業主 → 派遣先
④理由が適正でない場合には届出をしてから派遣するよう要請

派遣元事業主 → 行政機関（ハローワーク、社会保険事務所）
①被保険者に関する資格取得の届出

日雇い派遣労働者 → 派遣元事業主
③届出がない場合にはその具体的な理由を通知

日雇い派遣労働者 → 行政機関（ハローワーク、社会保険事務所）
一般被保険者に該当することの確認請求

5章　派遣労働者に対する給与・社会保険の取扱いと事務手続き

COLUMN

● アウトプレースメントの活用 ●

　「アウトプレースメント」とは、企業が行なう業績不振などを理由とした人員削減の際に、キャリアカウンセリングや求人の斡旋などで対象となった従業員の再就職を支援する有料職業紹介事業の一形態をいいます。

　ただし、自社で再就職先を探すことは困難であるため、一般的には専門のアウトプレースメント会社に依頼することになります。

　アウトプレースメント（再就職支援）は、もともとレイオフ（人員削減）が恒常化しているアメリカの企業において、対象となる従業員とのトラブルを回避し、円滑にリストラを遂行するための施策として根づいたもので、ビジネスとして発展、定着しています。

　わが国では、労働市場の流動性が比較的低く、長期雇用を中心とした日本的経営システムにおいては、なかなか馴じみにくいものでした。しかし、バブル崩壊以降、多くの企業が中高年者を中心に早期退職制度などで人員を削減し、その際に外部委託によるアウトプレースメントを導入する企業が増えています。

　アウトプレースメントは、有料職業紹介事業の１つとして位置づけられていますが、一般的な有料職業紹介事業は、求人を行なっている企業に対し優秀な人材を紹介することを目的としているのに対して、アウトプレースメントは、求職者のために就職先を探すという点で、有料職業紹介事業とは性格を異にしており、両者は相互補完関係にあるといえます。

　今後も雇用の流動化が進むものと考えられる労働市場においては、有料職業紹介事業を営むうえで、アウトプレースメントは注目すべきビジネスだといえるでしょう。

6章

派遣事業を始めるときの許可の受け方・届出のしかた

一般派遣と特定派遣では、手続きが異なります。

Section 6-1 労働者派遣事業の始め方と欠格事由

★許可基準等をクリアしていても欠格事由に該当すると開業できません。

一般派遣では許可、特定派遣では届出が必要

「**労働者派遣事業**」を始めるには、厚生労働大臣に対して、一般労働者派遣事業については「**許可**」を受け、また特定労働者派遣事業については「**届出**」を行なう必要があります。

いずれの場合についても、以下のような「**欠格事由**」が設けられており、この事由に該当すると、たとえ許可基準等をクリアしていたとしても、許可や届出は認められません。また、許可等が認められたのちに欠格事由に該当した場合は、許可等が取り消されてしまいますので要チェックです。

●法人の場合
① 労働基準法、職業安定法など労働に関する一定の法律の規定に違反し、または刑法等の罪を犯したことにより、罰金の刑に処せられ、その執行を終わり、または執行を受けることがなくなった日から起算して5年を経過していない場合
② 破産手続開始決定を受け、復権していない場合
③ 許可の取消しの規定により、一般労働者派遣事業の許可を取り消され、その許可の取消しの日から5年を経過していない場合
④ 法人の役員のうちに、禁固以上の刑に処せられるなど一定の要件に該当する者がある場合

●個人の場合
① 禁固以上の刑に処せられ、一定の要件に該当していない者
② 成年被後見人、被保佐人または破産者で復権していない者
③ 許可の取消しの規定により、個人事業主として受けていた一般労働者派遣事業の許可を取り消され、その許可の取消しの日から5年を経過していない者
④ 一般労働者派遣事業について法定代理人から営業の許可を受けていない未成年者であって、その法定代理人が上記①～③のいずれかに該当する者

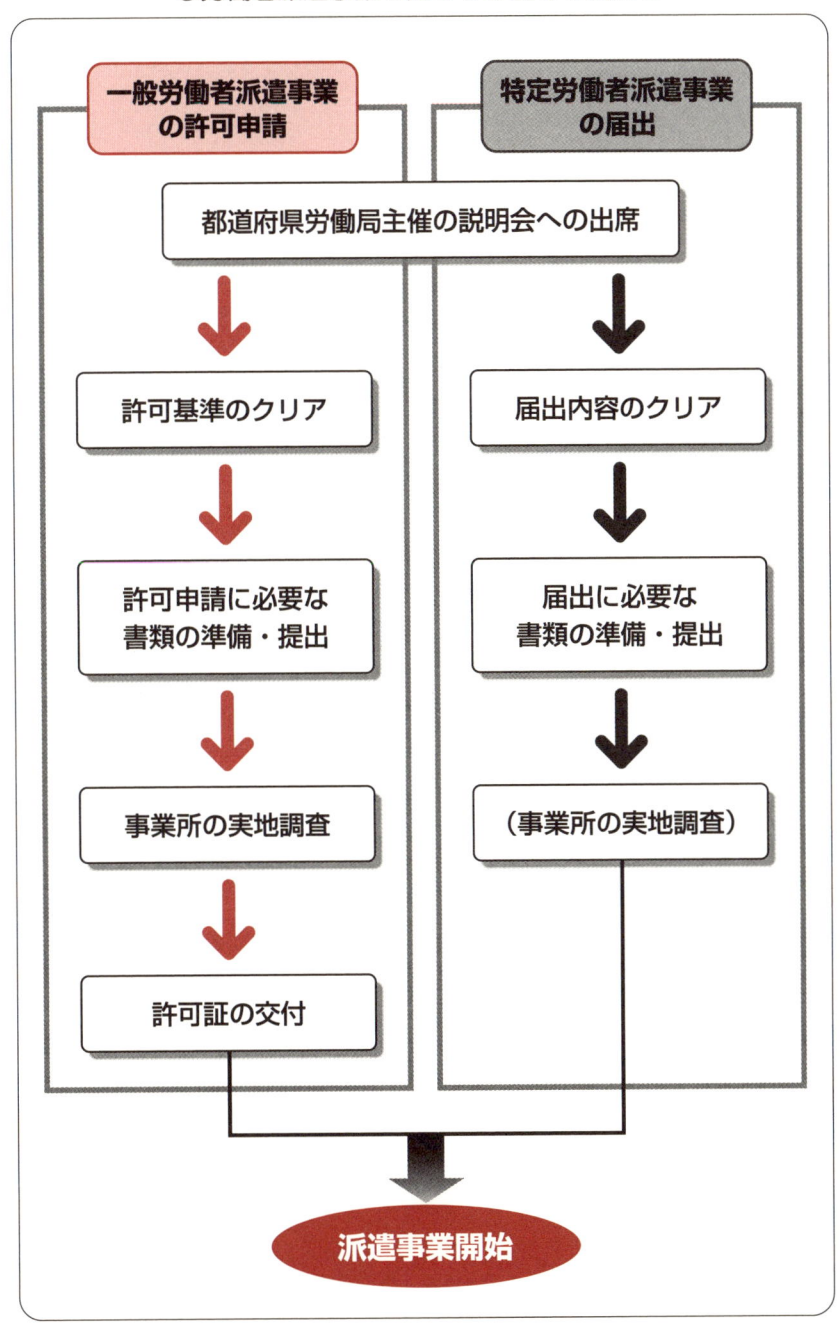

◎労働者派遣事業を始める手続きの流れ◎

一般労働者派遣事業の許可申請	特定労働者派遣事業の届出
都道府県労働局主催の説明会への出席	
↓	↓
許可基準のクリア	届出内容のクリア
↓	↓
許可申請に必要な書類の準備・提出	届出に必要な書類の準備・提出
↓	↓
事業所の実地調査	（事業所の実地調査）
↓	
許可証の交付	

→ **派遣事業開始**

6章　派遣事業を始めるときの許可の受け方・届出のしかた

Section 6-2 一般労働者派遣事業の許可申請のしかた

★財産や事業所、事業主に関して一定の要件があります。

手続きは都道府県労働局で行なう

　一般労働者派遣事業を行なおうとする場合は、厚生労働大臣の許可を受ける必要がありますが、実際の手続きは派遣元事業所を管轄する都道府県労働局で行ないます。

　許可基準は、一定の欠格事由に該当しないことのほかに、次のような高いハードルが設けられています。

●財産的基礎要件

①資産（繰延資産・営業権を除く）の総額から負債の総額を控除した額（基準資産額）が、1,000万円に事業所の数を乗じた額以上であること
②基準資産額が、負債の総額の7分の1以上であること
③自己名義の現金・預金の額が、800万円に事業所の数を乗じた額以上であること

　これらの金額は、直近1年間の決算書で確認することとされていますが、会社を新設したばかりの場合は、設立時の貸借対照表で事足ります。

●事業所に関する要件

　派遣事業に使用する事務所面積が、おおむね20㎡以上であることが必要です。また、賃貸借契約書に記載されている使用目的が「事務所用」である必要があり、「居住用」である場合は、貸主の同意書が必要となる場合があります。

●派遣元事業主に関する要件

①労働保険、社会保険に加入していること
②住所が一定しており、生活の根拠が不安定でないこと
③不当に他人の精神や身体、自由を拘束する恐れがないこと
④公衆衛生・公衆道徳上、有害な業務に就かせる恐れがないこと
⑤名義貸しによって事業を行なうものでないこと
⑥外国人の場合は、一定の在留資格を有していること

　そのほか、派遣元責任者の選任、教育訓練、個人情報の適正管理などに関する判断基準が定められています。

◎一般労働者派遣事業の許可申請の要件◎

財産的基礎

基準資産額

資産（繰延資産・営業権を除く）の総額 − 負債の総額

1. 基準資産額 ≧ 1,000万円 × 事業所数
2. 基準資産額 ≧ 負債総額 × $\frac{1}{7}$
3. 現金・預金の額 ≧ 800万円 × 事業所数

事業所

おおむね20㎡以上であること

個人情報の適正管理

1. 個人情報を取り扱う職員の範囲
2. 個人情報の業務外使用・漏えいの防止の職員教育
3. 個人情報の開示・訂正・削除の取扱いに関する規定の周知
4. 個人情報の取扱いに関する苦情処理

教育訓練

1. 派遣労働者の教育訓練に関する計画の策定
2. 教育訓練に適した施設・設備の整備

- 派遣元責任者の選任
- 専ら派遣の禁止
- 有料職業紹介事業との兼業

Section 6-3 一般労働者派遣事業許可申請書の作成のしかた

★書式は都道府県労働局等のＨＰからダウンロードできます。

多くの種類の添付資料が必要になる

一般労働者派遣事業の許可を受けようとする事業所は、まず、「**一般労働者派遣事業許可申請書**」（様式第１号）を作成する必要があります。申請の際には、右ページにあるような添付書類が必要になります。

この書式は、厚生労働省や都道府県労働局などのホームページからダウンロードできるので活用すると便利です。

申請にあたっては、申請書に事業主印を捺印しますが、訂正への対応として欄外に"捨て印"を押印しておく必要があります。細かい取扱いが度々変更となることがあり、記入内容の訂正や変更を求められるケースが少なくないので、捨て印は必ず押印しておきましょう。

また、申請書（146、147ページ）の「１氏名又は名称」欄や「２住所」欄には、商業登記簿謄本に記載されているとおりに記載する必要があります。

「３役員の氏名、役名及び住所」欄は、住民票に記載されているとおりに記入しなければならず、役員は監査役も含めて全員分を記入します。

２面にある「４一般労働者派遣事業を行う事業所に関する事項」の「②事業所の所在地」欄は、ビル名や階数までしっかりと記入します。

「③派遣元責任者の氏名、職名及び住所」欄については、住民票記載どおりに記入する必要がありますが、物の製造業務への派遣を行なう場合は、製造業務専門派遣元責任者を選任し、備考欄に「○」を付しておきます。

「⑤備考」欄には、派遣元責任者がいつ、どこで、派遣元責任者講習を修了したのかを必ず記入します。

なお、一般労働者派遣事業の許可申請には、１事業所あたり12万円（２つ目以降は追加する１事業所あたり５万5,000円）の収入印紙と、９万円の登録免許税が必要となります。収入印紙は申請書に貼付することになりますが、訂正や書き直しの恐れがあるので、貼らずに別途持参するとよいでしょう。

◎一般労働者派遣事業の許可申請に必要となる書類◎

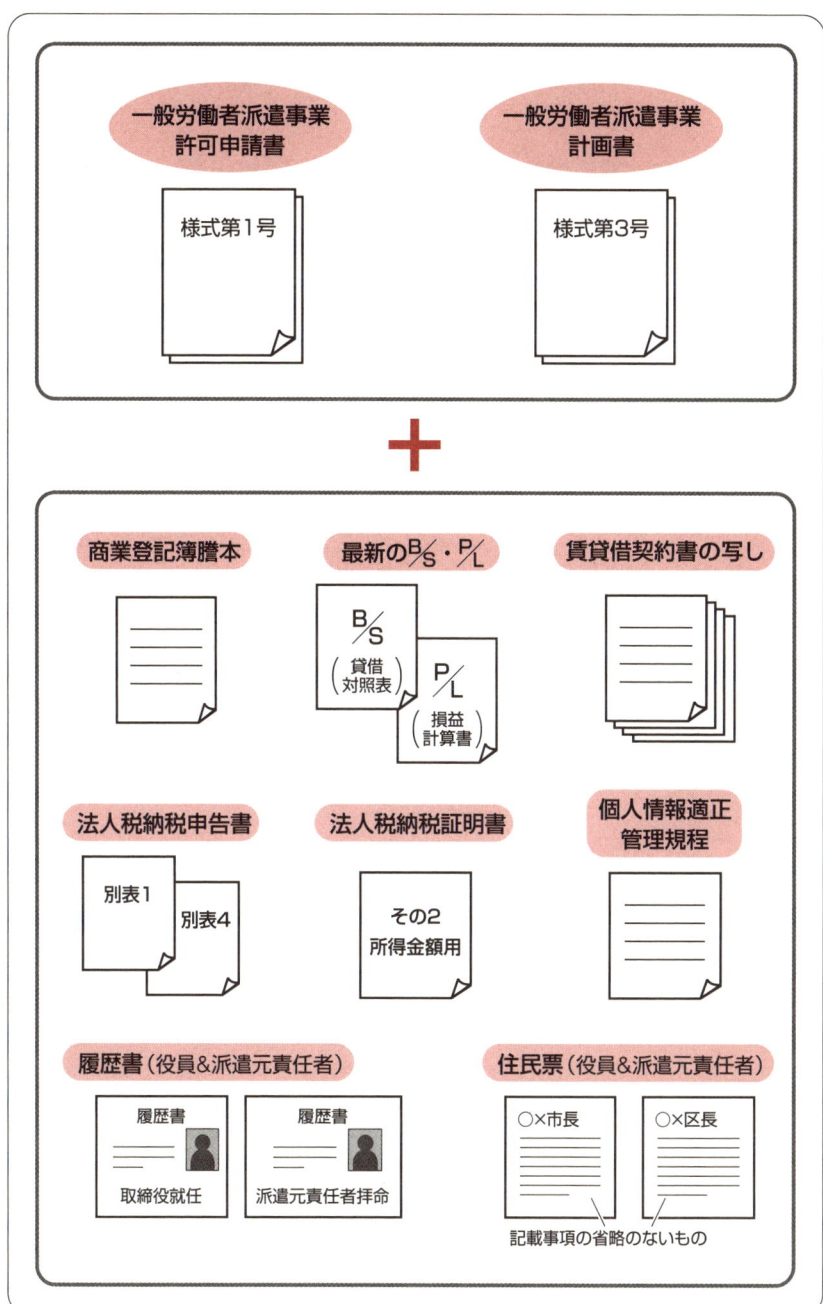

一般労働者派遣事業許可申請書
様式第1号

一般労働者派遣事業計画書
様式第3号

＋

- **商業登記簿謄本**
- **最新の B/S・P/L**（貸借対照表／損益計算書）
- **賃貸借契約書の写し**
- **法人税納税申告書**（別表1、別表4）
- **法人税納税証明書**（その2 所得金額用）
- **個人情報適正管理規程**
- **履歴書**（役員＆派遣元責任者）：取締役就任／派遣元責任者拝命
- **住民票**（役員＆派遣元責任者）：○×市長／○×区長　記載事項の省略のないもの

6章　派遣事業を始めるときの許可の受け方・届出のしかた

◎「一般労働者派遣事業許可申請書」の記載例◎

様式第1号（第1面） 　　　　　　　　　　　　　　　　　　　　　　　　（日本工業規格A列4）

【事業主印】

※許可番号	
※許可有効期間更新 年月日	年　月

　　　　　　　　　　　　　　　　　　許可
　　　　　一般労働者派遣事業 ~~許可有効期間更新~~ 申請書

　　　　　　　　　　　　　　　　　　　　　　　　　　　×2 年　6 月　6 日

厚 生 労 働 大 臣 殿

　　　　　　　　　　　　　　　　　　　株式会社　日実コーポレーション【事業主印】
　　　　　　　　　　　　　申請者　　代表取締役　佐藤　喜一

労働者派遣事業の適正な運営の確保及び派遣労働者の就業条件の整備等に関する法律 **第5条第1項** ~~第10条第2項~~ の規定により下記のとおり **許可** ~~許可有効期間更新~~ を申請します。

　申請者（法人にあつては役員を含む。）は、労働者派遣事業の適正な運営の確保及び派遣労働者の就業条件の整備等に関する法律第6条各号（個人にあつては第1号から第5号まで）のいずれにも該当せず、同法第36条の規定により選任する派遣元責任者は、未成年者に該当せず、かつ、同法第6条第1号から第4号までのいずれにも該当しないことを誓約します。

（ふりがな）			
1 氏名又は名称	かぶしきがいしゃ　にちじつこーぽれーしょん 株式会社　日実コーポレーション		
2 住所	〒（150-0041） 東京都渋谷区神南3-8-12		（03-○○○○-××××）
3 役員の氏名、役名及び住所（法人の場合）			
（ふりがな） 氏　名	役　名	住　所	
代表者　さとう　きいち 佐藤　喜一	代表取締役	東京都港区海岸1-50-25	
すずき　じろう 鈴木　次郎	取締役	東京都北区王子1-31-1	
たかはし　さぶろう 高橋　三郎	取締役	東京都目黒区上目黒1-28-4	
やまだ　しろう 山田　四郎	監査役	神奈川県横浜市港北区大豆戸町525	

※「2 住所」欄について：商業登記簿謄本記載の所在地を記入。

※「3 役員」欄について：監査役、社外取締役を含め、役員全員を記入。住所は住民票記載どおりに記入。

収入印紙
（消印してはならない。）

様式第1号（第2面） （日本工業規格A列4）

捨て印を忘れずに。

事業主印

4 一般労働者派遣事業を行う事業所に関する事項				
①事業所の名称（ふりがな） かぶしきがいしゃ　にちじつこーぽれーしょん 株式会社　日実コーポレーション		②事業所の所在地 〒（150-0041） 東京都渋谷区神南3-8-12 （03-〇〇〇〇-××××）		
③派遣元責任者の氏名、職名及び住所				
氏　名（ふりがな）	職名	住所		備考
すずき　じろう 鈴木　次郎	取締役	東京都北区王子1-31-4		〇
たかはし　さぶろう 高橋　三郎	取締役	東京都目黒区上目黒1-28-4		
たなか　みちこ 田中　美智子	人事部課長	神奈川県横浜市旭区鶴ヶ峰1-4-30		
④特定製造業務への労働者派遣の実施の有無		有	無	
⑤備考 鈴木　次郎　　派遣元責任者講習　　平成×1年4月10日　於　東京 松本　太郎　　派遣元責任者講習　　平成×1年5月20日　於　東京 田中美智子　　派遣元責任者講習　　平成×1年6月6日　於　東京				
※				

製造業務専門派遣元責任者には「〇」を付します。

①事業所の名称（ふりがな）		②事業所の所在地 〒（　　　　） （　　　　）－		
③派遣元責任者の氏名、職名及び住所				
氏　名（ふりがな）	職名	住所		備考
④特定製造業務への労働者派遣の実施の有無		有	無	
⑤備考				
※				

派遣元責任者講習を受講した年月日および場所を記入。

5 許可年月日	年　　月　　日	6 許可番号	
7 事業開始予定年月日	年　　月　　日		
その他			
申請担当者　　総務部長　松本　太郎　　　　03-〇〇〇〇-××××			

申請を担当する者の氏名・職名・連絡先を記入。

6章　派遣事業を始めるときの許可の受け方・届出のしかた

147

Section 6-4 一般労働者派遣事業計画書の作成のしかた

★許可申請書といっしょにこの計画書の提出が義務づけられています。

計画対象期間や常用雇用労働者の記載が必要

　一般労働者派遣事業の許可を受けるためには、許可申請書とともに「**一般労働者派遣事業計画書**」（様式第3号）の提出が義務づけられています。

　これは、派遣事業を行なうにあたって、その事業計画や教育訓練計画を届け出るものです。この書式も厚生労働省や都道府県労働局などのホームページからダウンロードできます。

　150、151ページの計画書の記入上のおもなポイントをあげると次のとおりです。

- ●**計画対象期間**…会計年度を基準として、事業を開始する予定の日から翌事業年度の終了日までが最初の計画対象期間です。たとえば、6月末日決算の会社が4月1日に労働者派遣事業を開始した場合は、その年の4月1日から翌年の6月30日が最初の計画対象期間となります。その後は1年単位で、事業年度ごとに計画書を提出していくことになります。ただし、許可申請時はいつが開始年月日となるか判然としないのでブランクのまま申請します。
- ●**常用雇用労働者**…1年を超えて引き続き雇用されることが見込まれる派遣労働者のことです。
- ●**常用雇用労働者以外の労働者**…1年以下の有期労働契約に基づいて雇用される派遣労働者や日雇い派遣労働者をいいます。カッコ欄には、登録者の人数の1日あたりの平均数を記入します。
- ●**職務代行者**…派遣元責任者が不在の場合に、代わりにその職務を代行する者をいいます。
- ●**OJT**…業務の遂行の過程で行なう教育訓練で必ず有給扱いとなります。「Off-JT」は、通常の仕事を一時離れた教育訓練のことです。

役員および派遣元責任者の履歴書の提出

　一般労働者派遣事業の許可申請にあたっては、役員全員および派遣元

責任者について「履歴書」の提出が求められています（152、153ページのモデル例を参照）。

いずれの場合も、履歴書には、氏名、生年月日、現住所、電話番号、学歴・職歴、役職員への就任・退任状況（派遣元責任者の場合は、雇用管理歴および職業経験）および賞罰等について、最終学歴以降の状況を漏れなく記入する必要があります。また、署名でなければ、本人の認印を押印しなければなりません。なお、写真の貼付は不要とされています。

履歴書の記載上の留意点としては、職歴の年月が継続していなければならない、という点です。就職活動中に通常記載する履歴書では、会社を退職し、次の会社に就職するまでの間は特に記載することはありませんが、労働者派遣事業の許可申請や届出においては、仕事に従事していない期間も「○年○月～×年×月　求職期間」という具合に記入し、経歴が途絶えないようにします。

また、役員の履歴書では、就任した役員が常勤なのか非常勤なのかをハッキリ明記しなければなりません。

派遣元責任者の履歴書では、役付になった際には、その部下の人数も明記する必要があります。これは、雇用管理経験が派遣元責任者の選任要件を満たしているかどうか確認するための措置です。

ちなみに派遣元責任者の雇用管理経験における選任要件は次のとおりです。

①成年に達した後、3年以上の雇用管理の経験を有する者
②成年に達した後の雇用管理の経験と派遣労働者としての業務の経験とをあわせた期間が3年以上の者（ただし、雇用管理の経験が1年以上ある者に限る）
③成年に達した後の雇用管理の経験と職業経験とをあわせた期間が5年以上の者（ただし、雇用管理の経験が1年以上ある者に限る）

なお、代表者や役員が派遣元責任者を兼任するようなケースでは、履歴者や住民票を重複して提出する必要はありません。ただし、役員のうち、監査役は会社法の制限により、派遣元責任者として選任することはできないので注意しましょう。

◎「一般労働者派遣事業計画書」の記載例◎

様式第3号（第1面） （日本工業規格A列4）

<u>一般労働者派遣事業</u>
~~特定労働者派遣事業~~ 計画書

> 新規申請の場合は、事業開始予定月日からその属する事業年度の次の年度まで。

1　事業所の名称　　株式会社　日実コーポレーション
2　計画対象期間　　　　　　　×1年　8月　1日から×2年　3月　31日まで
3　派遣労働者雇用等計画

① 派遣労働者の数（人）	常用雇用労働者	3	常用雇用労働者以外の労働者	10　（20）
② 雇用保険及び社会保険の加入の状況	ⓔ雇用保険　ⓔ健康保険	ⓔ厚生年金保険	③ 労働保険番号	13107-1234567-000

4　労働者派遣計画

① 労働者派遣の役務の提供を受ける者の確保の対象地域及び労働者派遣に関する料金	対象地域	東京都、神奈川県、千葉県、埼玉県	平均的な1人1日（8時間）当たりの額（円）	15,000
② 海外派遣の予定の有無	有　ⓔ無			
③ 指揮命令の系統	代表取締役 ── 人事部長（派遣元責任者） ── コーディネーター（職務代行者） ── 派遣労働者登録者			
④ 派遣元責任者の職務代行者の氏名	西岡　智子		⑤ 登録者関係従事者数（人）	2

> 派遣元責任者が不在の場合は、職務を代行する者を選任します。

> 派遣労働者の賃金ではなく、派遣料金を記入。

5　派遣労働者等教育訓練計画
　（1）教育訓練に用いる施設、設備等の概要
　　　　研修室、パソコン3台、VTR1台
　（2）教育訓練に係る責任者の氏名
　　　　横山　信子
　（3）教育訓練計画の内容

① 教育訓練の種類	② 対象者	③ 実施予定人員（人）	④ 方法 OJT	④ 方法 Off-JT	⑤ 実施主体 派遣元事業主	⑤ 実施主体 他の教育訓練機関への委託	⑤ 実施主体 その他	⑥ 実施予定期間	⑦ 派遣労働者の費用負担の有無	備考
新規登録者への訓練・ビジネスマナー	新規に登録した者	2	有給　無給	○		○		8H	有　ⓔ無	
派遣前訓練・営業方法・OA機器操作	登録者及び派遣労働者	5	○　ⓔ有給　無給		○			8H	有　ⓔ無	
ソフトウェア関係訓練・システム設計	派遣労働者	2	○　ⓔ有給　無給		○			20H	有　ⓔ無	

様式第3号（第2面） （日本工業規格A列4）

6　事業所の床面積（㎡）　50㎡　← **20㎡以上あることが必要です。**

7　資産等の状況

区　分		価　額（円）	摘　要
資産	現金・預金		
	土地・建物		
	その他		
	計		
負債	計		

8　株主の状況

氏名又は名称	所有株式数	割合（%）
1　佐藤　喜一	1,000株	100
2		
3		
4		
5		
その他の株主（　　名）		
合　　計（　1　名）	1,000株	100

9　民営職業紹介事業との兼業の有無　　　　有　　　㊞無

10　特定労働者派遣事業　の実施の有無　　㊞有　　　無
　　~~一般労働者派遣事業~~

教育訓練1回当たりの人数を記入。

◎役員の「履歴書」のモデル例◎

履 歴 書

平成 ×1 年 6 月 1 日

ふりがな	たかはし さぶろう	印 (高橋)	男 女
氏 名	高橋 三郎		

生年月日	昭和 44 年 2 月 27 日生

ふりがな	とうきょうとめぐろくかみめぐろ
現住所	東京都目黒区上目黒 1 -28- 4

電話番号	03（○○○○）××××

→ 認め印の押印を忘れずに。

年	月	学歴・職歴（各別にまとめて書く）
		学 歴
平成 3	3	□□□□大学経済学部経済学科　　卒業
		職 歴
平成 3	4	株式会社　○×商事　機械システム部　　入社
平成 5	6	株式会社　○×商事　　　　　　　　　退社
		→（平成 5 年 7 月～平成 5 年 10 月　求職期間）
平成 5	11	△△△△株式会社　人事部　　　　　　入社
平成 12	4	△△△△株式会社　人事課長　　　　　拝命
平成 17	4	△△△△株式会社　人事部長　　　　　拝命
平成 19	4	△△△△株式会社　取締役　　　　就任（常勤）
		現在に至る
		賞 罰
		なし
		以上

- 履歴が途切れることなく記入します。
- 常勤か非常勤かもシッカリ記入します。
- 賞罰の有無は必ず記入します。

◎派遣元責任者の「履歴書」のモデル例◎

履 歴 書

平成 ×1 年 6 月 1 日

ふりがな	たなか みちこ	印	男 ・ ⑨
氏 名	田中 美智子	田中	

生年月日	昭和 46 年 5 月 24 日生
ふりがな	かながわけんよこはましあさひくつるがみね
現住所	神奈川県横浜市旭区鶴ケ峰1-4-30
電話番号	045（○○○）××××

年	月	学歴・職歴（各別にまとめて書く）
		学 歴
平成 6	3	□□□□大学文学部英文学科　　　　　　卒業
		職 歴
平成 6	4	△△△△株式会社　人事部　　　　　　　入社
平成 10	4	△△△△株式会社　人事部主任（労務管理部下5名）拝命
平成 15	4	△△△△株式会社　人事部係長（労務管理部下15名）拝命
		現在に至る
		賞 罰
		なし
		以上

※部下の人数も記入します。

※成年に達した後、3年以上の雇用管理の経験または雇用管理と職業経験とをあわせた期間が5年以上あることが必要です。

6章　派遣事業を始めるときの許可の受け方・届出のしかた

Section 6-5 個人情報に関して適正な管理が要求される

★「個人情報適正管理規程」を作成する必要があります。

個人情報の適正管理が求められる具体的な事項

労働者派遣事業を行なう際には、個人情報の適正管理について以下のような事項を定めるよう求められています。

①派遣元は、その保管または使用に係る個人情報に関し、次に掲げる措置を適切に講ずるとともに、派遣労働者等からの求めに応じ、その内容を説明しなければなりません。
- 個人情報を目的に応じ必要な範囲において正確かつ最新のものに保つための措置
- 個人情報の紛失、破壊および改ざんを防止するための措置
- 正当な権限を有しない者による個人情報へのアクセスを防止するための措置
- 収集目的に照らして保管する必要がなくなった（本人からの破棄や削除の要望があった場合を含む）個人情報を破棄または削除するための措置

②派遣元が、派遣労働者の秘密（本籍地、出身地、支持・加入政党、政治運動歴、借入金額、保証人となっている事実等）に該当する個人情報を知り得た場合には、その個人情報が正当な理由なく他人に知られることのないよう、厳重な管理を行なわなければなりません。

③派遣元事業主は、次に掲げる事項を含む「**個人情報適正管理規程**」（右ページ参照）を作成するとともに、自らこれを遵守し、かつ、その従業員にこれを遵守させなければなりません。
- 個人情報を取り扱うことができる者の範囲に関する事項
- 個人情報を取り扱う者に対する研修等教育訓練に関する事項
- 本人から求められた場合の個人情報の開示または訂正（削除を含む。以下同じ）の取扱いに関する事項
- 個人情報の取扱いに関する苦情の処理に関する事項

なお、ここでいう「開示しないこととする個人情報」とは、個人に対する評価に関する情報をいい、また、苦情処理については、苦情処理の担当者等取扱責任者を選任することが必要であるとされています。

◎「個人情報適正管理規程」のモデル例◎

派遣労働者個人情報適正管理規程

（個人情報の取扱い）
第1条　個人情報を取り扱う事業所内の職員の範囲は、人事部とすることとする。個人情報取扱責任者は人事部長　高橋　三郎　とすることとする。

（教　育）
第2条　派遣元責任者は、個人情報を取り扱う前条に記載する事業所内の社員に対し、個人情報の取扱いに関する教育・指導を年1回実施することとする。また、派遣元責任者は少なくとも5年に1回は派遣元責任者講習を受講し、個人情報の保護に関する事項等の知識・情報を得るよう努めることとする。

（本人への開示および訂正）
第3条　第1条の個人情報取扱責任者は、派遣労働者等から本人の個人情報について開示の請求があった場合は、その請求に基づき本人が有する資格や職業経験等客観的事実に基づく情報の開示を遅滞なく行なうこととする。さらに、これに基づく訂正（削除を含む。以下同じ）の請求があった場合は、当該請求の内容が客観的事実に合致するときは、遅滞なく訂正を行なうこととする。
　　また、個人情報の開示または訂正に係る取扱いについて、派遣元責任者は派遣労働者等への周知に努めることとする。

（苦情への対応）
第4条　派遣労働者等の個人情報に関して、当該情報に係る本人からの苦情の申し出があった場合については、苦情処理担当者は誠意をもって適切な処理をすることとする。
　　なお、個人情報に係る苦情処理担当者は派遣元責任者　田中　美智子　とすることとする。

付　則

この規程は、平成○年8月1日から施行する。

Section 6-6 特定労働者派遣事業の届出のしかた

★「特定労働者派遣事業届出書」の提出が必要です。

派遣労働者はすべて「常時雇用される労働者」

　特定労働者派遣事業では、派遣労働者はすべて常時雇用される労働者です。ここでいう「常時雇用される労働者」とは、具体的には以下のいずれかに該当する労働者のことをさします。

①期間の定めなく雇用される者
②一定の期間を定めて雇用されている者であって、その雇用期間が反復継続されて事実上期間の定めのない雇用契約と同等と認められる者
③日々雇用される者であって、雇用契約が日々更新されて事実上期間の定めのない契約と同等と認められる者

　したがって、特定労働者派遣事業においては、派遣期間が１年以下の場合、派遣期間でない期間についても、その労働者を雇用することが必要です。

雇用形態が「在籍出向」と似ているので混同しないように

　特定労働者派遣事業を行なおうとする場合は、「**特定労働者派遣事業届出書**」（様式第９号）を、派遣元を管轄する労働局を経由して厚生労働大臣に提出しなければなりません。
　また、特定労働者派遣事業の場合は、一般労働者派遣事業のような許可申請ではなく、よりハードルが低い届出だけで事足ります。ただし、欠格事由や「専ら派遣」の禁止（28ページ参照）などは、一般労働者派遣事業と同様の取扱いを受けることになるので注意が必要です。
　特定労働者派遣事業は、自社の労働者をクライアント先に派遣する形態なので、よく「在籍出向」と混同されてしまいがちです。あまり意識しないうちに、労働者派遣法に抵触してしまうことも見受けられるので正しく理解しておくことが必要です。
　在籍出向のつもりで労働者を出向させても、業として報酬を受ければ、

特定労働者派遣事業とみなされてしまいます。

　また、出向先が出向者を受け入れ、その者をさらに特定労働者派遣事業として派遣先に派遣してしまう例も少なくありません。この場合、適正な手続きを経て出向され、出向先と労働者との間に雇用関係が生じていれば、必ずしも違法とはいえませんが、「出向」の定義があいまいであるために、労働者供給事業とみなされてしまうことが危惧されます。

記載要領は一般労働者派遣の場合とほぼ同じ

　特定労働者派遣事業の届出にあたっては、「**特定労働者派遣事業届出書**」（158、159ページ）に「**特定労働者派遣事業計画書**」（様式第3号）を添付のうえ、都道府県労働局へ届け出ます。

　届出書への記載事項は、一般労働者派遣事業許可申請書の場合とほとんど変わりません（144〜147ページ参照）。

　届出書に添付する事業計画書は、「一般労働者派遣事業計画書」（150、151ページ参照）とまったく同じ書式ですが、派遣労働者を登録するわけではないので、「常用雇用労働者以外の労働者」欄や「登録者関係従事者数」欄には何も記載する必要はありません。また、財産的基礎に関する判断要件もありませんから、「資産等の状況」欄への記入も不要です。

　なお、特定労働者派遣事業の届出の際には、以下の添付資料が必要となります。

【添付資料】
①定款
②商業登記簿謄本（履歴事項全部証明書）
③登記簿に載っている役員全員の住民票（記載事項の省略のないもの）
④登記簿に載っている役員全員の履歴書
⑤個人情報適正管理規程
⑥事業所の使用権を証明する書類
　●賃貸の場合、賃貸借契約書の写し
　●転貸の場合、原契約書・転貸契約書・所有者の承諾書
　●自己所有の場合、不動産登記簿謄本（土地および建物分）
⑦派遣元責任者の住民票
⑧派遣元責任者の履歴書
⑨その他、労働局で依頼された確認書類

◎「特定労働者派遣事業届出書」の記載例◎

様式第9号（第1面）　　　　　　　　　　　　　　　　　　　　　　　　　　（日本工業規格A列4）

※ 届出受理番号	
※ 届出受理年月日	年　月　日

（事業主印）

特定労働者派遣事業届出書

×1年　4月　1日

厚 生 労 働 大 臣 殿

　　　　　　　　　　　　　　　　　　　　　　株式会社　日実コーポレーション
　　　　　　　　　　　　　　届出者　代表取締役　佐藤　喜一　（事業主印）

　労働者派遣事業の適正な運営の確保及び派遣労働者の就業条件の整備等に関する法律第16条第1項の規定により下記のとおり届けます。
　届出者（法人にあつては役員を含む。）は、労働者派遣事業の適正な運営の確保及び派遣労働者の就業条件の整備等に関する法律第6条各号（個人にあつては第1号から第5号まで）のいずれにも該当せず、同法第36条の規定により選任する派遣元責任者は、未成年者に該当せず、かつ、同法第6条第1号から第4号までのいずれにも該当しないことを誓約します。

1 氏名又は名称	（ふりがな）かぶしきがいしゃ　にちじつこーぽれーしょん 株式会社　日実コーポレーション		
2 住　所	〒　150-0041 東京都渋谷区神南3-8-12　　　　（03-○○○○-××××）		
3 役員の氏名、役名及び住所（法人の場合）			
氏　名（ふりがな）	役　名	住　所	
代表者　さとう　きいち 佐藤　喜一	代表取締役	東京都港区海岸1-50-25	
すずき　じろう 鈴木　次郎	取締役	東京都北区王子1-31-1	
たかはし　さぶろう 高橋　三郎	取締役	東京都目黒区上目黒1-28-4	
やまだ　しろう 山田　四郎	監査役	神奈川県横浜市港北区大豆戸町525	

様式第9号（第2面） （日本工業規格A列4）

捨て印を忘れずに。

事業主印

4 特定労働者派遣事業を行う事業所に関する事項	
①事業所の名称（ふりがな） かぶしきがいしゃ　にちじつこーぽれーしょん 株式会社　日実コーポレーション	②事業所の所在地 〒（150-0041） 東京都渋谷区神南3-8-12　（03-○○○○-××××）

③派遣元責任者の氏名、職名及び住所

氏　名（ふりがな）	職　名	住　所	備考
すずき　じろう 鈴木　次郎	取締役	東京都北区王子1-31-4	
たかはし　さぶろう 高橋　三郎	取締役	東京都目黒区上目黒1-28-4	

④特定製造業務への労働者派遣の実施の有無	有	無

※

①事業所の名称（ふりがな）	②事業所の所在地 〒（　　　　） 　　　　　　　　　（　　　）－

③派遣元責任者の氏名、職名及び住所

氏　名（ふりがな）	職　名	住　所	備考

④特定製造業務への労働者派遣の実施の有無	有	無

⑤備考

※

5 事業開始予定年月日	年　　月　　日

その他

　　　　　届出担当者　　総務部長　松本　太郎　　　03-○○○○-××××

6章　派遣事業を始めるときの許可の受け方・届出のしかた

Section 6-7 事業開始後の労働者派遣事業報告書の提出

★派遣事業を始めたらこの報告書を毎期、提出します。

一般派遣も特定派遣も報告書の提出が必要

労働者派遣事業を開始した後にも、いろいろな手続きがあります。

まず、一般労働者派遣事業および特定労働者派遣事業の派遣元事業主は、毎事業年度経過後3か月以内に、その事業年度に係る労働者派遣事業を行なう事業所ごとの「**労働者派遣事業報告書**」(様式第11号)を、事業主管轄の労働局を通じて厚生労働大臣に提出しなければなりません。

その際には、添付資料として、「貸借対照表」「損益計算書」(または「事業収支決算書」＝様式第12号)をあわせて提出する必要があります。

労働者派遣事業報告書の記載ポイント

162、163ページの「労働者派遣事業報告書」への記入のポイントは以下のとおりです。

● **報告対象期間**…事業年度が始まる日から事業年度の終了する日までを記入することになります。なお、この報告対象期間に労働者を一度も派遣しなかった場合でも、事業報告書の提出義務はあります。

● **派遣労働者の数及び登録者の数（1日平均）**…この「1－②」欄は、通常の常用雇用労働者に換算し、報告対象期間内に派遣労働者が従事した総労働時間数を、通常の常用雇用労働者の1人あたりの総労働時間数で除して算出します。ここでいう「通常の常用雇用労働者」とは、派遣元に勤務する正規社員（雇用管理担当者や営業社員など）をさし、「通常の常用雇用労働者の1人あたりの総労働時間数」は、すべての通常の労働者の対象期間中の総労働時間数を、通常の常用雇用労働者の数で除して求めます。

● **派遣労働者の数（1日平均）**…2面の「2－①」欄は、報告対象期間に実際に派遣をした派遣労働者の数を、報告対象期間の対象日数で除して算出します。

◎「労働者派遣事業報告書」の届出期間と書式の内容◎

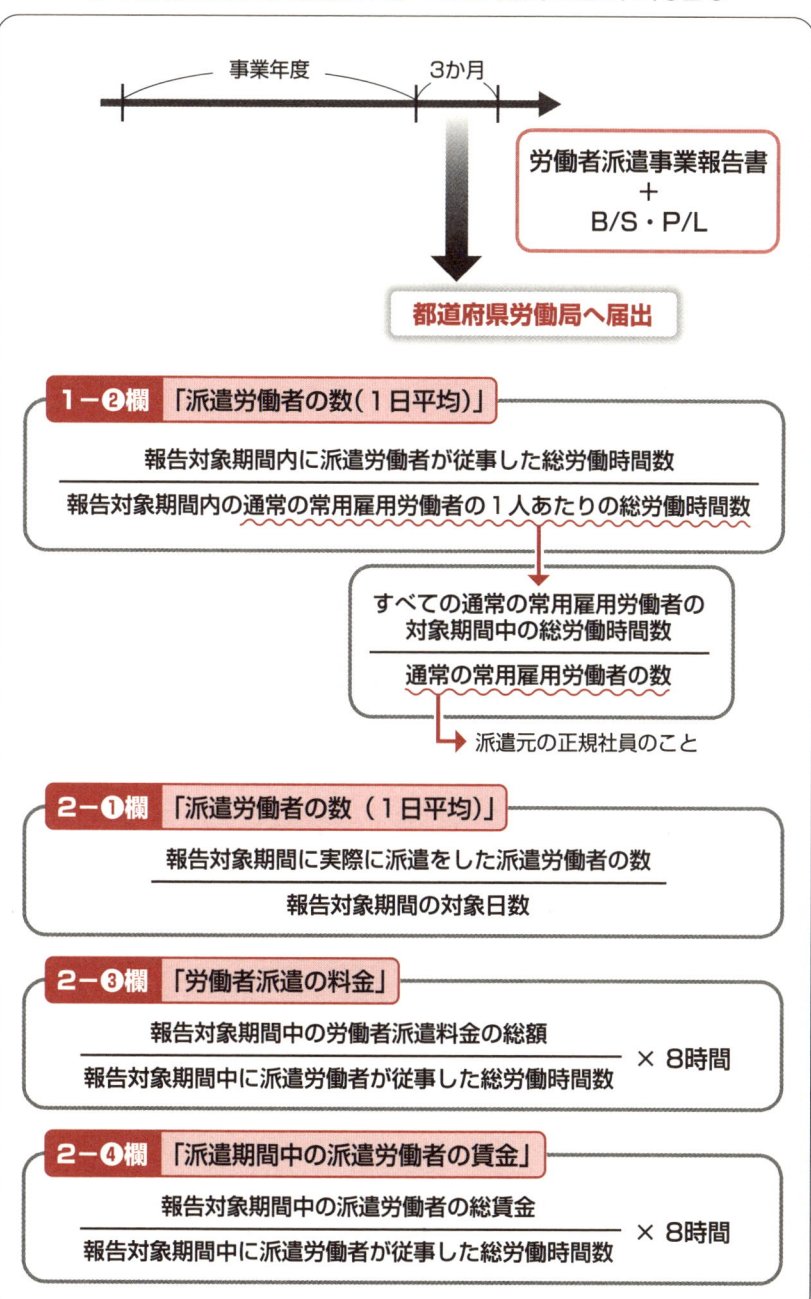

事業年度　3か月

労働者派遣事業報告書
＋
B/S・P/L

都道府県労働局へ届出

1-❷欄　「派遣労働者の数（1日平均）」

$$\frac{報告対象期間内に派遣労働者が従事した総労働時間数}{報告対象期間内の通常の常用雇用労働者の1人あたりの総労働時間数}$$

$$\frac{すべての通常の常用雇用労働者の対象期間中の総労働時間数}{通常の常用雇用労働者の数}$$

→ 派遣元の正規社員のこと

2-❶欄　「派遣労働者の数（1日平均）」

$$\frac{報告対象期間に実際に派遣をした派遣労働者の数}{報告対象期間の対象日数}$$

2-❸欄　「労働者派遣の料金」

$$\frac{報告対象期間中の労働者派遣料金の総額}{報告対象期間中に派遣労働者が従事した総労働時間数} \times 8時間$$

2-❹欄　「派遣期間中の派遣労働者の賃金」

$$\frac{報告対象期間中の派遣労働者の総賃金}{報告対象期間中に派遣労働者が従事した総労働時間数} \times 8時間$$

6章　派遣事業を始めるときの許可の受け方・届出のしかた

◎「労働者派遣事業報告書」の記載例◎

様式第11号（第1面）　　　　　　　　　　　　　　　　　　　　（日本工業規格A列4）

【事業主印】

労働者派遣事業報告書

×2年 4月 1日

厚生労働大臣殿

申請者　株式会社　日実コーポレーション
　　　　代表取締役　佐藤　喜一【事業主印】

労働者派遣事業の適正な運営の確保及び派遣労働者の就業条件の整備等に関する法律第23条第1項の規定により下記のとおり事業報告を提出します。

報告対象期間　平成×1年 4月 1日から
　　　　　　　平成×2年 3月31日まで

①許可番号又は届出受理番号	般特 △△-○○○○○○	②許可年月日又は届出受理年月日	×0年 6月 1日

（ふりがな）	かぶしきがいしゃ　にちじつこーぽれーしょん
③氏名又は名称	株式会社　日実コーポレーション
（ふりがな）	さとう　きいち
④代表者の氏名（法人の場合）	佐藤　喜一
（ふりがな）	かぶしきがいしゃ　にちじつこーぽれーしょん
⑤事業所の名称	株式会社　日実コーポレーション
⑥事業所の所在地	〒150-0041　東京都渋谷区神南3-8-12　（03）○○○○-××××

1　派遣労働者雇用等実績

①労働者の総数（派遣労働者以外の者を含む。）（報告対象期間末日）（人）	常用雇用労働者		常用雇用労働者以外の労働者	
②派遣労働者の数及び登録者の数（1日平均）（人）	日雇派遣労働者（通常の常用雇用労働者換算）	日雇派遣労働者以外の労働者		
		常用雇用労働者（通常の常用雇用労働者換算）	常用雇用労働者以外の労働者（通常の常用雇用労働者換算）	
	過去1年以内に労働者派遣されたことのある登録者（雇用されている者を含む。）の数			
③派遣労働者の数及び登録者の数（6月1日現在*）（人）＊6月1日が日曜日に当たる場合は6月2日現在とし、土曜日に当たる場合は6月3日現在とする。	日雇派遣労働者	日雇派遣労働者以外の労働者		
		常用雇用労働者	常用雇用労働者以外の労働者	
	過去1年以内に労働者派遣されたことのある登録者（雇用されている者を含む。）の数			
	種類	日雇派遣労働者	日雇派遣労働者以外の労働者	
			常用雇用労働者	常用雇用労働者以外の労働者
物の製造の業務（特定製造業務に限る。）に従事した派遣労働者の数				
派遣可能期間に制限のない次の各種類の業務に従事した派遣労働者の数[1～26] 労働者派遣法施行令第4条各号に掲げる26種類の業務[完] 一定期間内に完了が予定される業務[短] 1か月の労働日数が相当程度少ない業務[育] 育児休業者等の業務[介] 介護休業者等の業務				
④雇用保険及び社会保険の派遣労働者への適用状況（6月1日現在*）（人）＊6月1日が日曜日に当たる場合は6月2日現在とし、土曜日に当たる場合は6月3日現在とする。		雇用保険	健康保険	厚生年金保険
	常用雇用労働者			
	常用雇用労働者以外の労働者			

（注記）日頃は派遣労働に従事している常用雇用労働者であっても、6月1日において派遣されていない派遣労働者は除きます。

（注記）6月1日に派遣された労働者についてのみ記入します。

様式第11号（第2面） 　　　　　　　　　　　　　　　　　　　　　　（日本工業規格A列4）

〔事業主印〕

2　労働者派遣等実績

<table>
<tr><td rowspan="2">①派遣労働者の数（1日平均）
（人）</td><td rowspan="2">日雇派遣労働者（実数）</td><td colspan="2">日雇派遣労働者以外の労働者</td></tr>
<tr><td>常用雇用労働者（実数）</td><td>常用雇用労働者以外の労働者（実数）</td></tr>
</table>

②派遣先の実数(件)			

<table>
<tr><td rowspan="3">③労働者派遣の料金</td><td colspan="2">1日（8時間当たり）の額　　（円）</td><td rowspan="3">報告期間中に派遣先から得た1人1日8時間分の料金。</td></tr>
<tr><td>日雇派遣労働者が従事した業務に係る労働者派遣の料金</td><td>1日（8時間当たり）の額　　（円）</td></tr>
<tr><td>労働者派遣法施行令第4条各号に掲げる26種類の業務に係る労働者派遣の料金</td><td>種類　1日(8時間当たり)の額（円）　種類　1日(8時間当たり)の額（円）　種類　1日(8時間当たり)の額（円）</td></tr>
</table>

<table>
<tr><td rowspan="3">④派遣期間中の派遣労働者の賃金</td><td colspan="2">1日（8時間当たり）の額　　（円）</td><td rowspan="3">派遣労働者に支払っている1人1日8時間分の賃金。</td></tr>
<tr><td>日雇派遣労働者の賃金</td><td>1日（8時間当たり）の額　　（円）</td></tr>
<tr><td>労働者派遣法施行令第4条各号に掲げる26種類の業務に係る派遣労働者の賃金</td><td>種類　1日(8時間当たり)の額（円）　種類　1日(8時間当たり)の額（円）　種類　1日(8時間当たり)の額（円）</td></tr>
</table>

⑤労働者派遣事業に係る売上高（円）	

⑥海外派遣	実績の有無　　有　　無	海外派遣労働者数（人）

<table>
<tr><td rowspan="3">⑦紹介予定派遣</td><td colspan="2">実績の有無　　有　　無</td></tr>
<tr><td>紹介予定派遣に係る労働者派遣契約の申込人数（人）</td><td>紹介予定派遣により労働者派遣された労働者数（人）</td></tr>
<tr><td>紹介予定派遣において職業紹介を実施した労働者数（人）</td><td>紹介予定派遣で職業紹介を経て直接雇用に結びついた労働者数（人）</td></tr>
</table>

<table>
<tr><td rowspan="2">⑧労働者派遣契約の期間別件数（件）</td><td>1日以下のもの</td><td>1日を超え7日以下のもの</td><td>7日を超え1月以下のもの</td><td>1月を超え3月以下のもの</td><td>3月を超え6月以下のもの</td></tr>
<tr><td>6月を超え9月以下のもの</td><td>9月を超え12月以下のもの</td><td>1年を超え3年以下のもの</td><td>その他</td><td>合計</td></tr>
</table>

報告期間中に締結した労働者派遣契約（個別契約）について、その期間別に件数を記入します。

3　派遣労働者等教育訓練実績

<table>
<tr><td rowspan="2">①
教育訓練の種類</td><td rowspan="2">②
対象者</td><td rowspan="2">③
実施人員
（人）</td><td colspan="2">④　方法</td><td colspan="3">⑤　実施主体</td><td rowspan="2">⑥
実施期間
（日）</td><td rowspan="2">⑦
派遣労働者の費用負担の有無</td><td rowspan="2">備考</td></tr>
<tr><td>OJT</td><td>Off-JT
（賃金支給の状況）</td><td>派遣元事業主</td><td>他の教育訓練機関への委託</td><td>その他</td></tr>
<tr><td></td><td></td><td></td><td></td><td>有給　無給</td><td></td><td></td><td></td><td></td><td>有　無</td><td></td></tr>
<tr><td></td><td></td><td></td><td></td><td>有給　無給</td><td></td><td></td><td></td><td></td><td>有　無</td><td></td></tr>
<tr><td></td><td></td><td></td><td></td><td>有給　無給</td><td></td><td></td><td></td><td></td><td>有　無</td><td></td></tr>
</table>

4　民営職業紹介事業との兼業の有無　　　有　　　無

Section 6-8 一般労働者派遣事業の許可更新のしかた

★更新の申請は期間満了の30日前までに行ないます。

更新手続きの際には手数料が必要に

　一般労働者派遣事業の許可の有効期間は初回については3年、その後は5年で、この許可の有効期間が満了した場合は、許可は失効してしまいます。

　引き続き一般労働者派遣事業を行なおうとする場合には、許可の有効期間が満了する日の30日前までに、十分な余裕をもって、都道府県労働局を経由して厚生労働大臣に対して「**許可有効期間更新申請**」を行なう必要があります。

　許可の更新を行なう際には、手数料として、5万5,000円に一般労働者派遣の事業所の数を乗じた金額の収入印紙を用意する必要があります。

　なお、許可の有効期間を更新する手続きや要件等は、新規許可の際とほぼ同様で、提出する書式も「**一般労働者派遣事業許可申請書**」（様式第1号）と同じです。

　この場合、添付資料として以下の書類をあわせて提出します。

【添付資料】
①貸借対照表、損益計算書、株主資本等変動計算書（直近の決算のもの）
②法人税の納税申告書（別表1および別表4）
③法人税の納税証明書（その2　所得金額用）

　新規に許可申請した際に求められた財産的基礎に関する判断では、高いハードルが設置されていましたが、この許可の更新時においても同様の基準をクリアする必要があります。

　したがって、基準を満たせなかった場合、更新が認められなくなってしまいます。更新時期を迎えてから慌てないように、ふだんから財産的基礎要件を意識しながら事業運営を展開していかなければなりません。

◎「一般労働者派遣事業許可有効期間更新申請書」の記載例◎

様式第1号（第1面） （日本工業規格A列4）

※許可番号
※許可年月日／許可有効期間更新年月日　年　月　日

一般労働者派遣事業 ~~許可~~／許可有効期間更新 申請書

×2年　4月　15日

厚生労働大臣殿

申請者　株式会社　日実コーポレーション
　　　　代表取締役　佐藤　喜一　㊞

労働者派遣事業の適正な運営の確保及び派遣労働者の就業条件の整備等に関する法律 ~~第5条第1項~~／第10条第2項 の規定により下記のとおり ~~許可~~／許可有効期間更新 を申請します。

　申請者（法人にあつては役員を含む。）は、労働者派遣事業の適正な運営の確保及び派遣労働者の就業条件の整備等に関する法律第6条各号（個人にあつては第1号から第5号まで）のいずれにも該当せず、同法第36条の規定により選任する派遣元責任者は、未成年者に該当せず、かつ、同法第6条第1号から第4号までのいずれにも該当しないことを誓約します。

（ふりがな）	かぶしきがいしゃ　にちじつこーぽれーしょん		
1 氏名又は名称	株式会社　日実コーポレーション		
2 住　所	〒（150-0041）東京都渋谷区神南3-8-12　　（03-○○○○-××××）		
3 役員の氏名、役名及び住所（法人の場合）			
	（ふりがな）氏　名	役　名	住　所
代表者	さとう　きいち 佐藤　喜一	代表取締役	東京都港区海岸1-50-25
	すずき　じろう 鈴木　次郎	取締役	東京都北区王子1-31-1
	たかはし　さぶろう 高橋　三郎	取締役	東京都目黒区上目黒1-28-4
	やまだ　しろう 山田　四郎	監査役	神奈川県横浜市港北区大豆戸町525

収入印紙
（消印してはならない。）

次ページに第2面があります。

様式第1号（第2面）　　　　　　　　　　　　　　　　　　　　　　（日本工業規格A列4）

【事業主印】

4 一般労働者派遣事業を行う事業所に関する事項

①事業所の名称（ふりがな）	②事業所の所在地
かぶしきがいしゃ　にちじつこーぽれーしょん 株式会社　日実コーポレーション	〒（150-0041） 東京都渋谷区神南3-8-12　（03-○○○○-××××）

③派遣元責任者の氏名、職名及び住所

氏　名（ふりがな）	職　名	住　所	備考
すずき　じろう 鈴木　次郎	取締役	東京都北区王子1-31-4	○
たかはし　さぶろう 高橋　三郎	取締役	東京都目黒区上目黒1-28-4	
たなか　みちこ 田中　美智子	人事部課長	神奈川県横浜市旭区鶴ヶ峰1-4-30	

④特定製造業務への労働者派遣の実施の有無　　　㊝　　　　　無

⑤備考
鈴木　次郎　　派遣元責任者講習　平成×1年4月10日　於　東京
松本　太郎　　派遣元責任者講習　平成×1年5月20日　於　東京
田中美智子　　派遣元責任者講習　平成×1年6月6日　於　東京

※

①事業所の名称（ふりがな）	②事業所の所在地
	〒（　　　　　） （　　　　）－

③派遣元責任者の氏名、職名及び住所

氏　名（ふりがな）	職　名	住　所	備考

④特定製造業務への労働者派遣の実施の有無　　　有　　　　　無

⑤備考

※

5 許可年月日	平成××年　6月　1日	6 許可番号	般△△-○○○○○○
7 事業開始予定年月日	年　月　日		

その他
　　　　　　申請担当者　　総務部長　松本　太郎　　　03-○○○○-××××

7章

有料職業紹介事業を始めるときの許可の受け方・届出のしかた

人材派遣事業とは手続きが異なります。

Section 7-1 職業紹介事業にはどんな種類があるか

★有料職業紹介事業と無料職業紹介事業があります。

職業紹介は職業安定法に規定されている

「職業紹介」とは、職業安定法4条1項において、「求人および求職の申込みを受け、求人者と求職者との間における雇用関係の成立をあっせんすることをいう」と定義されています。

職業紹介事業の種類には、「有料職業紹介事業」と「無料職業紹介事業」の2種類があります。

有料職業紹介事業とは

「有料職業紹介事業」とは、職業紹介に際して手数料や報酬を受けて行なう職業紹介事業をいい、厚生労働大臣の許可を受ける必要があります。

有料職業紹介事業の対象となる取扱職業の範囲は、港湾運送業務に就く職業、建設業務に就く職業、その他有料の職業紹介事業を行なうことが労働者の保護に支障を及ぼすおそれがあるものとして厚生労働省令で定める職業以外の職業です。なお、この厚生労働省令で定める職業は、現在定められていません。

したがって、多くの職業で有料職業紹介事業を行なうことができることになります。

なお、許可の有効期間は、初めて許可を受けた場合は3年間、次回以降は5年間となっています。

無料職業紹介事業とは

「無料職業紹介事業」とは、職業紹介に際して、いかなる名義でも手数料や報酬を受けないで行なう職業紹介事業をいい、一般の者が無料職業紹介事業を行なう場合には、厚生労働大臣の許可が必要です。

ただし、例外として、学校、専修学校等、商工会議所等、特別の法律により設立された法人、地方公共団体が行なう場合には、厚生労働大臣に届け出ることにより、無料職業紹介事業を行なうことができます。

なお、許可の有効期間は、一律5年間です。

◎職業紹介事業の種類◎

職業紹介事業
├─ **有料職業紹介事業**
│   職業紹介に際して手数料や報酬を受けて行なうもの
│
│   **対象取扱職業**
│   ❶ 港湾運送業務に就く職業
│   ❷ 建設業務に就く職業
│   以外の職業
│
└─ **無料職業紹介事業**
    職業紹介に際して、いかなる名義でも手数料や報酬を受けないで行なうもの

一般の者 → 厚生労働大臣の許可

学校・専修学校等 ┐
商工会議所等   ├ 厚生労働大臣へ届出
地方公共団体   ┘

Section 7-2 有料職業紹介事業の許可基準

★財産、事務所、事業主に関して一定の要件があります。

開業時には150万円以上の現金・預貯金が必要

有料職業紹介事業の許可を受けるためには、以下のいずれにも該当しなければなりません。

●財産的基礎の要件

①資産（繰延資産および営業権を除く）の総額から負債の総額を控除した額（基準資産額）が500万円に、申請者が有料職業紹介事業を行なおうとする事業所の数を乗じて得た額以上であること。

②自己名義の現金・預貯金の額が、150万円以上であること。ただし、2つ目以降の事業所については、1事業所あたり60万円以上が必要。

これらの金額は、直近1年間の決算書で確認しますが、会社を新設したばかりの場合は設立時の貸借対照表で事足ります。

●事務所の要件

使用する事務所は、おおむね20㎡以上の面積が必要です。

●事業主の要件

①欠格事由（禁固刑または一定の労働法違反で罰金刑以上に処せられてから5年を経過していない等）に該当しないこと。

②貸金業、質屋営業を営む者は、許可を受け、適正に業務運営をしていること。

③風俗営業等の名義人または実質的な営業を行なわないこと。

④外国人の場合は、在留資格を有していること。

⑤住所および居所が一定しないなど生活根拠が不安定でないこと。

⑥不当に他人の精神、身体および自由を拘束するおそれのないこと。

⑦公衆衛生または公衆道徳上、有害な業務に就かせる行為を行なうおそれのないこと。

⑧虚偽や不正な方法で許可申請を行ない、または許可の審査に必要な調査を拒み、妨げ、もしくは忌避していないこと。

⑨国外にわたる職業紹介を行なう場合にあっては、相手先国の労働市場の状況および法制度について把握し、求人者および求職者と的確な意思の疎通を図るに足る能力があること。

◎有料職業紹介事業の許可を受けるための要件◎

財産的基礎要件

基準資産額

資産（繰延資産・営業権を除く）の総額 － 負債の総額

① 基準資産額 ≧ 500万円 × 事業所の数

② 現金・預金の額 ≧ 150万円 ＋ 60万円 ×（事業所数－1）

事務所の要件

使用する事務所は、おおむね20㎡以上

他の事業との関係に関する要件

① 国または地方公共団体でないこと

② 会員の獲得、組織の拡大、宣伝等が目的でないこと

③ 介護作業従事者が労災の特別加入を希望する場合は所定の申請を行なうこと

④ 労働者派遣事業と兼業する場合は、求職者と派遣労働者の個人情報をそれぞれ別個に作成し、明確に区分・管理すること

● そのほか、以下の要件もあります。

- 職業紹介責任者の要件
- 個人情報適正管理の要件
- 事業主の要件
- 手数料に関する要件
- 「業務の運営に関する規程」の要件

Section 7-3 職業紹介責任者の選任とその要件

★職業紹介業務に従事する者50人につき1人の選任が必要です。

職業紹介責任者が統括管理する業務

有料職業紹介事業者は、「**職業紹介責任者**」を選任しなければなりません。職業紹介責任者は、以下の職業紹介に関する業務を統括管理する者とされ、その事業所において職業紹介に関する業務に従事する者の数が50人あたり1人以上選任することになります。

①求人者または求職者から申し出を受けた苦情の処理に関すること
②求人者の情報（職業紹介に係るものに限る）および求職者の個人情報の管理に関すること
③求人および求職の申込みの受理、求人者および求職者に対する助言および指導その他有料の職業紹介事業の業務の運営および改善に関すること
④職業安定機関との連絡調整に関すること

職業紹介責任者に選任できる要件

職業紹介責任者の選任にあたっては、次の要件をすべて満たすものから選任しなければなりません。

①欠格事由等に該当しないこと

欠格事由（禁固刑または一定の労働法違反で罰金刑以上に処せられてから5年を経過していないなど）に該当していないなど、「事業主の要件」を満たしていることが必要です。

②3年以上の職業経験があること

成人してから、3年以上の職業経験が必要です。この場合、特に人事・労務の分野の職種での経験に限らず、広く会社勤務の経験を意味しています。

③職業紹介責任者講習を受講すること

職業紹介責任者となるためには、許可申請、届出に先立って「職業紹介責任者講習」の受講が必要となります。この講習会は、労働関係法令、

◎職業紹介責任者のしくみ◎

職業紹介事業者

職業紹介業務従事者
50人あたり1人以上
選任

職業紹介責任者

❶ 求人・求職者からの苦情処理

❷ 求人・求職者の個人情報管理

❸ 求人・求職の申込受理
　求人・求職者に対する助言・指導

❹ 職業安定機関との連絡調整

職業紹介責任者講習の受講、
３年以上の職業経験　など

　職業紹介事業の適正な運営等を行なうための理解を深め、労働力の需給調整機関として適正な職業紹介を行なうことを目的としていて、「社団法人全国民営職業紹介事業協会」において開催されています。

Section 7-4 有料職業紹介事業の許可申請手続き

★有料職業紹介事業を始めるには許可を受ける手続きが必要になります。

印紙税と登録免許税がかかってくる

　有料職業紹介事業を行おうとする場合には、許可申請書（177ページ参照）を申請者の主たる事務所の所在地を管轄する都道府県労働局を経由して厚生労働大臣に提出しなければなりません。

　この場合、許可申請書には、手数料として5万円の収入印紙が必要となります。ただし、他にも申請したい事業所がある場合には、1事業所あたり1万8,000円の収入印紙が、職業紹介事業を行なう事業所の数分だけ必要となります。また、一般労働者派遣事業と同様に、登録免許税として9万円の納付も必要となります。

　申請にあたっては、以下の添付資料を用意する必要があります。

【添付資料】
①法人の登記簿謄本（または履歴事項全部証明書）
②法人の定款または寄附行為（コピー）
③役員（代表取締役・監査役を含む）の住民票
④役員（代表取締役・監査役を含む）の履歴書
⑤職業紹介責任者の住民票
⑥職業紹介責任者の履歴書（職務履歴書）
⑦職業紹介責任者講習会の受講証明書（コピー）
⑧直近の決算報告書（貸借対照表・損益計算書・株主資本等変動計算書）
⑨直近の決算にかかる納税申告書
⑩法人税申告書「別表1」および「別表4」のそれぞれのコピー
⑪直近の決算にかかる納税証明書（その2　所得金額用）
⑫不動産登記簿謄本（自己所有の場合）または事業所の賃貸借契約書のコピー（転貸借の場合は、原契約書および転貸に関する覚書等も添付）
⑬事業所のレイアウト図および事業所までの地図（最寄り駅から）
⑭業務の運営に関する規程
⑮個人情報適正管理規程
⑯手数料表

◎有料職業紹介事業許可までの流れ◎

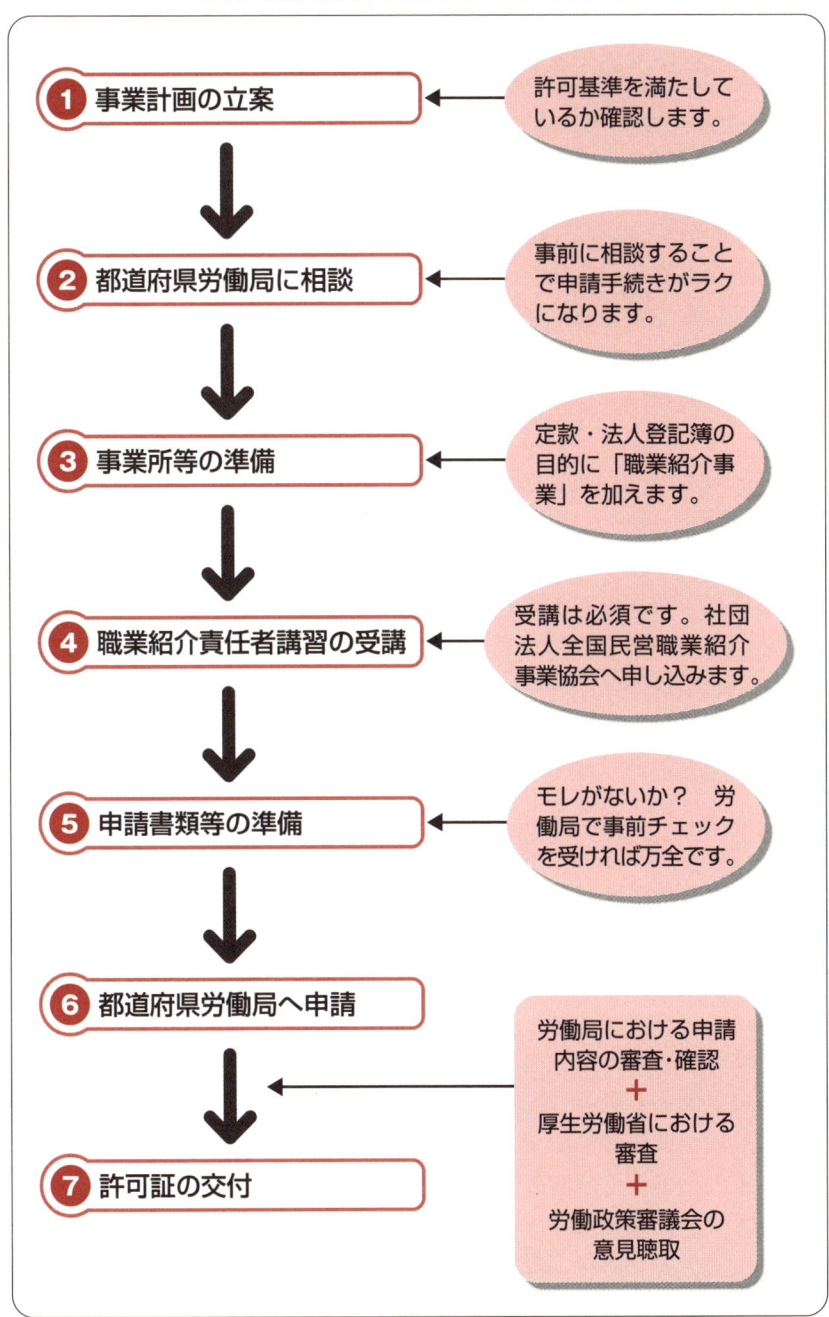

1. **事業計画の立案** ← 許可基準を満たしているか確認します。

   ↓

2. **都道府県労働局に相談** ← 事前に相談することで申請手続きがラクになります。

   ↓

3. **事業所等の準備** ← 定款・法人登記簿の目的に「職業紹介事業」を加えます。

   ↓

4. **職業紹介責任者講習の受講** ← 受講は必須です。社団法人全国民営職業紹介事業協会へ申し込みます。

   ↓

5. **申請書類等の準備** ← モレがないか？ 労働局で事前チェックを受ければ万全です。

   ↓

6. **都道府県労働局へ申請**

   ↓ ← 労働局における申請内容の審査・確認 ＋ 厚生労働省における審査 ＋ 労働政策審議会の意見聴取

7. **許可証の交付**

7章 有料職業紹介事業を始めるときの許可の受け方・届出のしかた

Section 7-5 有料職業紹介事業許可申請書の作成のしかた

★事業計画書と手数料届出書が必要になります。

許可申請書は都道府県労働局等でダウンロードできる

　有料職業紹介事業を始めようとする場合は、「有料職業紹介事業許可申請書」（様式第1号）を作成し、都道府県労働局へ提出する必要があります。この申請書は、厚生労働省や都道府県労働局などでダウンロードできるようになっており、簡単に入手できます。また、申請書の最後に事業主と職業紹介責任者の誓約文が付保されていて、欠格事由に該当しない旨を誓約しなければなりません。

　なお、申請にあたっては「有料職業紹介事業計画書」（様式第2号、179ページ参照）を、届出制手数料による場合は「届出制手数料届出書」（様式第3号、183ページ参照）をあわせて提出します。

　「有料職業紹介事業計画書」には、有料の職業紹介事業を行なう事業所ごとの当該事業に係る求職者の見込数その他職業紹介に関する事項を記載する必要があります。

　「届出制手数料届出書」は、有料職業紹介事業者がその実費等以外の手数料を徴収する場合に、あらかじめ手数料の種類、額その他手数料に関する事項を定めた手数料を届け出るものです。

添付資料として必要なもの

　そのほか、添付資料として「業務の運営に関する規程」の提出も必要ですが（モデル例は180ページ参照）、この規程には、以下の事項を定めて、求人の申込みまたは求職の申込みを受理した後速やかに、書面を交付しなければなりません。
①取扱職種の範囲
②手数料に関する事項
③苦情処理に関する事項
④求人者の情報および個人情報の取扱いに関する事項

　また、「役員の履歴書」の添付も必要です。この履歴書には、氏名、生年月日、現住所、職歴、資格の取得、賞罰および役職員への就任、解任状況について記入しますが、写真の貼付は不要です。

◎「有料職業紹介事業許可申請書」の記載例◎

様式第1号（第1面） （日本工業規格A列4）

【事業主印】

有　料　・　~~無　　料~~
職業紹介事業許可申請書
~~職業紹介事業許可有効期間更新申請書~~

① 平成×2年 4月 15日

厚生労働大臣　殿

② 申請者　氏名　　（ふりがな）かぶしきがいしゃ　にちじつこーぽれーしょん
　　　　　　　　　株式会社　日実コーポレーション
　　　　　　　　　（だいひょうとりしまりやく　さとうきいち）
　　　　　　　　　代表取締役　佐藤　喜一　【事業主印】

1．職業安定法第30条第1項の規定により下記のとおり許可の申請をします。
2．~~職業安定法第33条第1項の規定により下記のとおり許可の申請をします。~~
3．~~職業安定法第32条の6第2項の規定により下記のとおり更新申請をします。~~
4．~~職業安定法第33条第4項において準用する同法第32条の6第2項の規定により下記のとおり更新申請をします。~~

記

③許可番号	（　　　　　　　）
④氏名又は名称　（ふりがな）	かぶしきがいしゃ　にちじつこーぽれーしょん 株式会社　日実コーポレーション
⑤所在地　（ふりがな）	〒150-0041　　電話　03（○○○○）×××× とうきょうとしぶやくじんなん 東京都渋谷区神南3-8-12

⑥代表者氏名等（ふりがな）	氏　名	住　所
	さとう　きいち 佐藤　喜一	とうきょうとみなとくかいがん 東京都港区海岸1-50-25

⑦役員氏名等（法人のみ）（ふりがな）	氏　名	住　所
	すずき　じろう 鈴木　次郎	とうきょうときたくおうじ 東京都北区王子1-31-1
	たかはし　さぶろう 高橋　三郎	とうきょうとめぐろくかみめぐろ 東京都目黒区上目黒1-28-4
	やまだ　しろう 山田　四郎	かながわけんよこはましこうほくくまめどちょう 神奈川県横浜市港北区大豆戸町525

収入印紙
［消印してはならない］

> 監査役、社外取締役を含み、役員全員分を記入します。役員が4名以上の場合は別紙に記載します。

> 次ページに第2面があります。

第7章　有料職業紹介事業を始めるときの許可の受け方・届出のしかた

様式第1号（第2面）

【事業主印】

⑧兼業の種類・内容	1. 労働者派遣事業	2. 再就職支援事業	3. 経営コンサルタント
	4.	5.	6.

職業紹介事業を行う事業所に関する事項

<table>
<tr><td colspan="4" align="center">⑨事業所</td></tr>
<tr><td colspan="2">名　称</td><td colspan="2">所在地</td></tr>
<tr><td colspan="2">株式会社　日実コーポレーション</td><td colspan="2">東京都渋谷区神南3-8-12</td></tr>
<tr><td colspan="2">⑩職業紹介責任者氏名等</td><td colspan="2">⑪担当者職・氏名・電話番号</td></tr>
<tr><td>氏　名</td><td>住　所</td><td colspan="2">職業紹介事業部　課長
森川　稔</td></tr>
<tr><td>青山　信二</td><td>千葉県船橋市三山1-50-1</td><td colspan="2">（ 03 ）○○○○-△△△△</td></tr>
<tr><td colspan="2">⑫講習会名、受講年月日・受講場所</td><td colspan="2">職業紹介責任者講習　平成×1年8月10日　於　東京</td></tr>
</table>

<table>
<tr><td colspan="4" align="center">⑨事業所</td></tr>
<tr><td colspan="2">名　称</td><td colspan="2">所在地</td></tr>
<tr><td colspan="2"></td><td colspan="2"></td></tr>
<tr><td colspan="2">⑩職業紹介責任者氏名等</td><td colspan="2">⑪担当者職・氏名・電話番号</td></tr>
<tr><td>氏　名</td><td>住　所</td><td colspan="2"></td></tr>
<tr><td></td><td></td><td colspan="2">（　）　－</td></tr>
<tr><td colspan="2">⑫講習会名、受講年月日・受講場所</td><td colspan="2"></td></tr>
</table>

⑬取次機関

	（ふりがな）	
イ	名　称	
ロ	（ふりがな）住　所	
ハ	事業内容	

（注記）住民票記載の住所と異なる場合は、現住所も併記します。

（注記）職業紹介責任者講習を受講した年月日、場所を記入します。

◎「有料職業紹介事業計画書」の記載例◎

様式第2号(表面) 〔事業主印〕 (日本工業規格A列4)

<u>有 料 職 業 紹 介 事 業 計 画 書</u>
~~無 料 職 業 紹 介 事 業 計 画 書~~
~~特別の法人無料職業紹介事業計画書~~
~~地方公共団体無料職業紹介事業計画書~~

1　許可・届出番号

2　事業所名　　株式会社　日実コーポレーション

3　職業紹介計画(年間)(国内)

①区　分	②有効求職者見込数
一般事務の職業 商品販売の職業	50 人

> 年度末(3月末)における有効求職者の見込数を記入します。

職業紹介計画(年間)(国外にわたる職業紹介を行おうとするときは国外分を記載)

①区　分	④相手国	⑤有効求職者見込数(人)

4　職業紹介の業務に従事する者の数

3 人

> 職業紹介業務従事者が50人以上で職業紹介責任者の選任義務が生じます。

5　資産等の状況

		価　格	摘　要	
資産	現金・預金	5,000,000	普通預金	5,000,000
	土地・建物	12,000,000		
	その他			
	計	17,000,000		
負債	計	1,000,000		

7章　有料職業紹介事業を始めるときの許可の受け方・届出のしかた

179

◎「業務の運営に関する規程」のモデル例◎

業務の運営に関する規程

第1条（求　人）
1　当社は、機械電気・情報処理・その他の技術者、一般・会計・生産関連事務、事務用機器操作、商品販売・その他のサービス、通信の職業、その他の労務の職業、その他の関連業務に関する限り、いかなる求人の申込みについても、これを受理します。
　　ただし、その申込みの内容が法令に違反したり、雇用条件が不適当である場合には受理いたしません。
2　求人の申込みは、求人者またはその代理人が直接来社されたうえ、文書を直接手渡すか、あるいは郵送により、お申し込みください。また、電話・ＦＡＸ・電子メールでも差し支えありませんが、後日、文書にて提出してください。
3　求人申込みの際には、雇用契約期間、就業場所、賃金額、労働時間（時間外労働および休憩・休日の規定を含む）、労働保険・社会保険適用の有無等の雇用条件（職種名だけでなく、職場環境を含めた具体的なもの）を明示してください。

第2条（求　職）
1　当社は、一般・会計・生産関連事務、事務用機器操作、商品販売・その他のサービス、通信の職業、その他の労務の職業、その他の関連業務に関する限り、いかなる求職の申込みについても、これを受理します。
　　ただし、その申込みの内容が法令に違反したり、雇用条件が不適当である場合には受理いたしません。
2　求職の申込みは、必ず本人が直接来社されたうえ、所定の求職票によりお申し込みください。
3　求職受付の際に、受付手数料は、いただきません。

第3条（紹　介）
1　求職の方には、そのご希望と能力に応ずる職業に速やかに就くことができるよう努力いたします。
2　求人の方には、そのご希望に適合する求職者を紹介できるよう努力いたします。

> 職業紹介事業の業務運営について、「求人」「求職」「紹介」の観点から規定します。

  3　求職の方を求人者に紹介する場合には、その紹介状を発行しますので、その紹介状を確認してください。
  4　いったん、当社が受け付けた求人・求職の申込みについては、紹介できるよう努力いたします。
  5　当社は労働争議に対して中立の立場をとるため、同盟罷業または作業場閉鎖の行なわれている求人者には、紹介を一時中止いたします。
  6　就職が決定いたしましたら、求人の申込みをされた方から別表の料金表に基づき、紹介手数料を申し受けます。成立後一定期間以内の解約につきましては別に定める解約の覚書によります。

第4条（その他）
  1　雇用関係成立後、求人者、求職者はそれぞれ当社に対して、その報告をしてください。また、雇用関係が成立しなかった場合、または雇用関係が終了した場合にも同様の報告をしてください。
  2　当社は、求職者または求人者から知り得た個人的な情報は、個人情報管理規程を別に定めて収集、保存、使用管理を行ない、秘密の漏えい防止に努めます。
  3　当社は求職者または求人者に対し、その申込みの受理、面接、指導、紹介等の業務について、人種、国籍、信条、性別、社会的身分、門地、従前の職業、労働組合の組合員であること等を理由として差別的な取扱いは一切いたしません。
  4　当社の業務の運営に関する規程は、以上のとおりでありますが、すべて当社の業務は、職業安定法関係法令に基づいて運営されておりますので、不明の点は担当者にお尋ねください。

以上

平成　○年○月○日

      事業所名　　株式会社　日実コーポレーション
      代表者　　　　代表取締役　佐藤　喜一

Section 7-6 届出制手数料と上限制手数料の選択

★多くの事業者は、届出制手数料を採用しています。

求人者からは手数料を徴収する

職業紹介事業者は、「届出制手数料」と「上限制手数料」のいずれかを選択して徴収することができます。

①届出制手数料

多くの職業紹介事業者が採用しているもので、厚生労働大臣に対して、あらかじめ職業紹介事業者が作成した手数料表に基づいて、求人者から徴収できる手数料をいいます。

この場合、その求職者の年収の50％を超えるような定めをすると届出書は受理されません。実際には、求職者の年収のおおむね10～30％程度が紹介手数料の相場のようです。

なお、届出制手数料の場合は、求人者からは求人申込み受理日以降に、再就職あっせんを行なう雇用主からは求職申込み受理日以降に、それぞれ徴収することになりますが、ほとんどの場合が職業紹介に対する成功報酬制を採用しています。

なお、届出制手数料については、「届出制手数料届出書」（右ページ参照）に記入して都道府県労働局へ提出します。

②上限制手数料

厚生労働省が定める手数料表の金額を上限として、求人者から徴収できる手数料をいいます。これには、「求人受付手数料」と「紹介手数料」の2種類があります。

求人受付手数料とは、求人者から求人の申込みを受理したときに発生する手数料です。これは1件につき670円（免税事業者は650円）を上限として徴収することができます。

一方、紹介手数料とは、支払われた賃金額の10.5％相当額（同一の者に継続して6か月を超えて雇用された場合は、6か月間の雇用に係る賃金額の10.5％相当額）が上限となります。

◎「届出制手数料届出書」の記載例◎

様式第3号 （日本工業規格A列4）

【事業主印】

届出制手数料届出書
~~届出制手数料変更届出書~~

① 平成×1年 4月 1日

厚生労働大臣　殿

（ふりがな）かぶしきがいしゃ　にちじつこーぽれーしょん
株式会社　日実コーポレーション

② 届出者　氏名　代表取締役　佐藤 喜一 【事業主印】

職業安定法第32条の3第1項第2号の規定により下記の届出制手数料に係る届出をします。

記

③ 許　可　番　号	
④ 氏名又は名称	（ふりがな）かぶしきがいしゃ　にちじつこーぽれーしょん 株式会社　日実コーポレーション
⑤ 所　在　地	〒150-0041　電話 03（○○○○）×××× （ふりがな）とうきょうとしぶやくじんなん 東京都渋谷区神南3-8-12
⑥ 適用開始・変更予定日	年　　月　　日
⑦ 届出・変更届出内容	別紙のとおり
⑧ 備　　　　考	届出担当者　　職業紹介事業部　課長 　　　　　　　森川　稔（03）○○○○-△△△△ 株式会社　日実コーポレーション

【適用する事業所名を記入します。】

7章　有料職業紹介事業を始めるときの許可の受け方・届出のしかた

183

Section 7-7 求人求職管理簿と手数料管理簿の作成

★職業紹介事業の開始後にこれらの書類の作成が必要になります。

求人求職管理簿等の作成・保存

職業紹介事業の許可を受けて、実際に事業を開始した後も一定の書類、たとえば「**求人求職管理簿**」や「**手数料管理簿**」を作成することになります。

①求人求職管理簿

まず、「求人求職管理簿」とは、求人、求職の受理状況や職業あっせんの状況を管理するために、職業紹介事業者に作成が義務づけられている台帳のことをいいます。

これは、職業紹介事業を行なう事業所ごとに作成し、職業紹介の完結の日から2年間保存しなければなりません。

なお、求人求職管理簿には、求人者、求職者それぞれに応じて以下の事項について記入します。

【求人者】
①受付年月日
②求人数
③就労場所
④雇用期間
⑤賃金等
⑥処理状況　など

【求職者】
①求職年月日
②紹介年月日
③紹介先
④就職年月日
⑤離職年月日　など

②手数料管理簿

「手数料管理簿」とは、職業紹介事業者が職業紹介のつど、手数料徴収の状況を記録するものです。

一般的には、「上限制手数料用」「届出制手数料用」「求職者手数料用」の3つに分けて作成することになります。この管理簿の保存義務も2年間です。

◎「求人求職管理簿」の記載例◎

様式例第7号

求人求職管理簿

(1) 求人管理簿

求人管理簿	求人事業所	株式会社　日実コーポレーション
	所　在　地	東京都渋谷区神南3-8-12
	代表者氏名	代表取締役　佐藤　喜一
	連絡担当者	人事部長　　高橋　三郎

受付年月日	求人数	就労場所	雇用期間	賃金等	処理状況
平×1.10. 1	1	新宿区四谷	常用	300,000	平×2.3月紹介
平×1.12.15	1	横浜市旭区	常用	260,000	平×2.2月紹介
平×2. 5. 7	1	港区大門	常用	480,000	平×2.6月紹介

◎「手数料管理簿」の記載例◎

様式例第9号

手数料管理簿

(1) 上限制手数料用

領収年月日	支払者名	賃金	領収区分			備考
			求人受付手数料	紹介手数料	計	
平×2. 3.31	㈱□□□□	260,000	1,000	260,000	261,000	

第7章　有料職業紹介事業を始めるときの許可の受け方・届出のしかた

Section 7-8 有料職業紹介事業報告書の作成のしかた

★報告対象期間中の事業実績を厚生労働大臣に報告します。

報告対象期間は4月1日から3月31日と決まっている

「有料職業紹介事業報告書」（様式第8号）とは、職業紹介事業者が、報告対象期間中の事業実績を厚生労働大臣に届け出る報告書のことです。

この場合の報告対象期間は、前年の4月1日から当年の3月31日までです。したがって、会計年度を基準としている一般労働者派遣事業とは必ずしもリンクしないので、兼業している場合は注意が必要です。

提出期限は毎年4月30日で、職業紹介を行なった実績がまったくない場合も含め、職業紹介事業者はこの報告書を必ず提出しなければなりません。

有料職業紹介事業報告書の「4　活動状況（国内）」欄における、「常用」「臨時」「日雇」については、次のように定義されています。

- **常用**…4か月以上の期間を定めて雇用されるもの、または期間の定めなく雇用されるもの。
- **臨時**…1か月以上4か月未満の期間を定めて雇用されるもの。
- **日雇**…1か月未満の期間を定めて雇用されるもの。

また、「4　活動状況」欄と「5　収入状況」欄のいずれの表にも記載されている「取扱業務等の区分」は、次のように分類されています。

①専門的・技術的職業
②管理的職業
③事務的職業
④販売の職業
⑤サービスの職業
⑥保安の職業
⑦農林漁業の職業
⑧運輸・通信の職業
⑨生産工程・労務の職業
⑩芸能家
⑪家政婦（夫）
⑫配ぜん人
⑬調理師
⑭モデル
⑮マネキン

◎「有料職業紹介事業報告書」の記載例◎

様式第8号（表面）　（日本工業規格A列4）

有料職業紹介事業報告書
~~無料職業紹介事業報告書~~　【事業主印】

1　許可番号　　13－ユ－○○○○○○
2　事業所の名称及び所在地　株式会社日実コーポレーション　東京都渋谷区神南3-8-12
3　紹介予定派遣　　　実績の有無　　（有）・無
4　活動状況（国内）

項目 取扱業務等の区分	①求人			②求職		③就職		
	常用求人数	臨時求人延数	日雇求人延数	有効求職者数	新規求職申込件数	常用就職件数	臨時就職延数	日雇就職延数
事務的業務	2,500人	9,800人日	0人日	2,000人	1,000件	900件	1,000人日	0人日
（紹介予定派遣）	(250)	(0)	(0)			(200)		(0)
販売職業	300	900	1,000	1000	900	270	750	900
計	2,800	10,700	1,000	3,000	1,900	1,170	1,750	900

活動状況（国外）（相手国別・総計）

項目 取扱業務等の区分	相手国	④求人数	⑤求職		⑥就職件数
			有効求職者数	新規求職申込件数	
専門的・技術的職業	アメリカ	50人	30人	25件	20件
計		50人	30人	25件	20件

（業務区分、相手国ごとに記入します。）

5　収入状況（国内・国外）

項目 取扱業務等の区分	職業安定法第32条の3第1項第1号の規定による手数料			求人受付手数料（別表第2）		職業安定法第32条の3第1項第2号の規定による手数料			求職受付手数料	
	常用	臨時	日雇	件	千円	常用	常用	日雇		
事務的業務	0	0	0	0	0	900,000	90,000	3,000	0件	0千円
（紹介予定派遣）	0	0	0	0	0	(200,000)	(0)	(0)	(0)	(0)
販売職業	0	0	0	0	0	270,000	45,000	2,700	0	0
						120,000	0	0		
						2,700	0	0		
計	0	0	0	0	0	1,292,700	135,000	5,700	0	0

（上限制手数料のこと。／届出制手数料のこと。）

項目 取扱業務等の区分	職業安定法第32条の3第2項の規定による手数料		
	常用	臨時	日雇
芸能家	0	0	0
モデル	0	0	0
科学技術者	0	0	0
経営管理者			
熟練技能者			
計	0	0	0

（求職者紹介手数料のこと。）

6　職業紹介の業務に従事する者の数

　　　　15　人　　（職業紹介責任者も含みます。）

1　職業安定法第32条の16の規定により上記のとおり報告します。
2　職業安定法第33条第4項において準用する同法第32条の16規定により上記のとおり報告します。
　　×2年　4月　15日

⑦氏名又は名称　　株式会社　日実コーポレーション
　　　　　　　　　代表取締役　佐藤　喜一　【事業主印】

第7章　有料職業紹介事業を始めるときの許可の受け方・届出のしかた

Section 7-9 許可有効期間の更新申請のしかた

★許可有効期間満了日の30日前までに申請書を提出します。

「職業紹介事業許可有効期間更新申請書」の手続き

　有料職業紹介事業の許可の有効期間は、新規については3年、更新については5年となっています。また、無料職業紹介事業の許可の有効期間は、新規、更新ともに5年です。

　2つの事業とも、有効期間が満了したときには、この許可は失効することになるので、引き続き職業紹介事業を行なおうとする場合には、許可の有効期間が満了する日の30日前までに、**職業紹介事業許可有効期間更新申請書**（様式第1号）を、管轄都道府県労働局を経由して厚生労働大臣に提出しなければなりません。

　なお、有料職業紹介事業の場合には、「許可有効期間更新申請書」に手数料として、更新を受けようとする事業所について1事業所あたり1万8,000円の収入印紙を貼付する必要があります。

◎有料職業紹介事業の場合の申請書の提出と添付書類◎

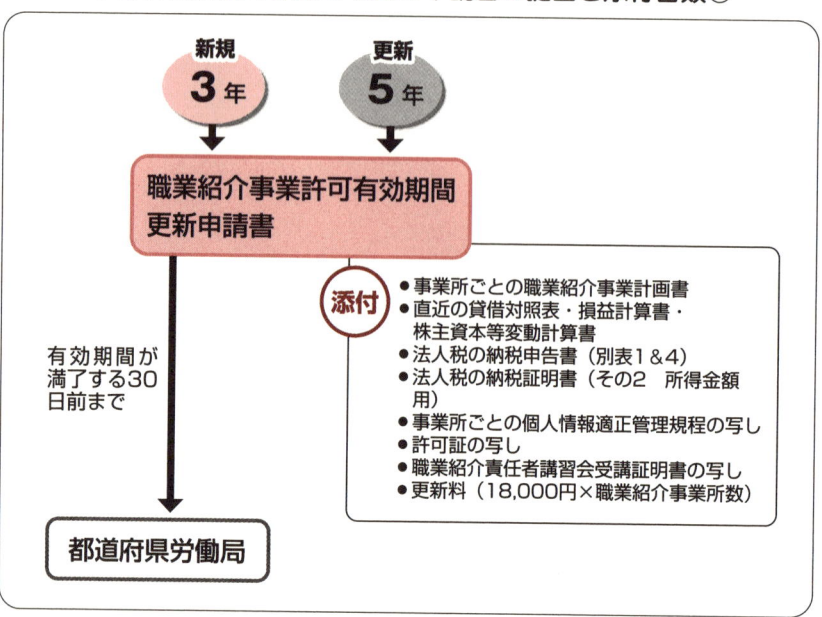

新規 3年 / 更新 5年
↓
職業紹介事業許可有効期間更新申請書

有効期間が満了する30日前まで
↓
都道府県労働局

添付：
- 事業所ごとの職業紹介事業計画書
- 直近の貸借対照表・損益計算書・株主資本等変動計算書
- 法人税の納税申告書（別表1＆4）
- 法人税の納税証明書（その2　所得金額用）
- 事業所ごとの個人情報適正管理規程の写し
- 許可証の写し
- 職業紹介責任者講習会受講証明書の写し
- 更新料（18,000円×職業紹介事業所数）

◎「有料職業紹介事業許可有効期間更新申請書」の記載例◎

様式第1号（第1面）　　　　　　　　　　　　　　　　　　　　　　　　（日本工業規格A列4）

~~有　　料~~・~~無　　料~~
~~職　業　紹　介　事　業　許　可　申　請　書~~
職業紹介事業許可有効期間更新申請書

〔事業主印〕

①平成×1年 2月 1日

厚生労働大臣　殿

②申請者　氏　名

（ふりがな）かぶしきがいしゃ　にちじつこーぽれーしょん
株式会社　日実コーポレーション
（ふりがな）だいひょうとりしまりやく　さとうきいち
代表取締役　佐藤　喜一　〔事業主印〕

1．職業安定法第30条第1項の規定により下記のとおり許可の申請をします。
2．~~職業安定法第33条第1項の規定により下記のとおり許可の申請をします。~~
3．職業安定法第32条の6第2項の規定により下記のとおり更新申請をします。
4．~~職業安定法第33条第4項において準用する同法第32条の6第2項の規定により下記のとおり更新申請をします。~~

記

③許可番号	13-2-000000	（平成×1年3月31日）
④氏名又は名称 （ふりがな）	かぶしきがいしゃ　にちじつこーぽれーしょん 株式会社　日実コーポレーション	
⑤所在地 （ふりがな）	〒150-0041 とうきょうとしぶやくじんなん 東京都渋谷区神南3-8-12	電話　03（○○○○）×××× 許可の有効期間の末日を記入。

⑥代表者氏名等	氏　名 （ふりがな）さとう　きいち 佐藤　喜一	住　所 （ふりがな）とうきょうとみなとくかいがん 東京都港区海岸1-50-25
⑦役員氏名等 （法人のみ） （ふりがな）	氏　名 すずき　じろう 鈴木　次郎 たかはし　さぶろう 高橋　三郎 やまだ　しろう 山田　四郎	住　所 とうきょうときたくおうじ 東京都北区王子1-31-1 とうきょうとめぐろくかみめぐろ 東京都目黒区上目黒1-28-4 かながわけんよこはましこうほくくまめどちょう 神奈川県横浜市港北区大豆戸町525

監査役、社外取締役を含め、全役員を記入。

収入印紙
［消印してはならない］

次ページに第2面があります。

7章　有料職業紹介事業を始めるときの許可の受け方・届出のしかた

様式第1号（第2面）

【事業主印】

⑧兼業の種類・内容	1．労働者派遣事業	2．再就職支援事業	3．経営コンサルタント
	4．	5．	6．

職業紹介事業を行う事業所に関する事項

⑨事業所		
名　　称	住　　所	
株式会社　日実コーポレーション	東京都渋谷区神南3-8-12	
⑩職業紹介責任者氏名等		⑪担当者職・氏名・電話番号
氏　名	住　　所	職業紹介事業部　課長 森川　稔 （ 03 ）○○○○-△△△△
青山　信二	千葉県船橋市三山1-50-1	
⑫講習会名、受講年月日・受講場所	職業紹介責任者講習　　平成×0年8月10日　於　東京	

⑨事業所		
名　　称	所　在　地	
⑩職業紹介責任者氏名等		⑪担当者職・氏名・電話番号
氏　名	住　　所	（　）　－
⑫講習会名、受講年月日・受講場所		

⑬取次機関

イ　名　称	（ふりがな）
ロ　住　所	（ふりがな）
ハ　事業内容	

> 住民票と異なる場合は、現住所も併記します。

8章

正社員採用につながる「紹介予定派遣」の活用のしかた

紹介予定派遣のルールを知っておきましょう。

Section 8-1 紹介予定派遣の内容と活用メリット

★派遣先は、派遣労働者を正社員として採用することができます。

紹介予定派遣とは

「**紹介予定派遣**」とは、派遣元会社が労働者派遣を行なう前または後に、職業紹介を行なうことをあらかじめ予定して実施される労働者派遣の一形態です。

したがって、派遣元が紹介予定派遣を行なうためには、労働者派遣事業としての許可や届出だけでなく、**有料職業紹介事業の許可を受けておく必要があります**。

紹介予定派遣は、特に派遣先にとって大きな活用意義があります。なぜならば、本来の労働者派遣では禁止されている派遣労働者を特定する行為、すなわち事前面接や履歴書の事前送付が認められているからです。

したがって、事前面接や履歴書の事前送付を経たうえで、労働者派遣という雇用形態で業務に従事させて、派遣労働者のスキルや人柄を見極めてから、派遣先の正規社員として迎えることができます。

紹介予定派遣の派遣期間は最大で6か月

紹介予定派遣が目的とするところは、あくまでも正規社員としての採用ですから、派遣期間が長期にわたると本来の制度の趣旨から外れてしまいます。そのため、**派遣期間は6か月を超えない**ものと定められています。

また、紹介予定派遣契約に基づいて派遣を受け入れていた派遣先が、職業紹介を受けない、あるいは職業紹介を受けた労働者を採用しない場合は、派遣元は派遣労働者の求めに応じて書面、電子メール、ファクシミリなどで、その旨を明示するよう求めることができます。この派遣先から明示された理由は、派遣元から派遣労働者に対して書面、電子メール、ファクシミリなどで明示しなければなりません。

なお、派遣先は、紹介予定派遣により正規社員として雇い入れた労働者については、**試用期間を設けてはならない**ことになっています。これは、派遣期間においてすでに適格性の判断が可能であると考えられるためです。

紹介予定派遣を
活用するときのルール

について派遣登録と求職申込みの受付は重複してできません。

紹介事業との兼業が認められるための条件

派遣は、労働者派遣事業としての許可のほかに、有料職業紹介の許可を受けて兼業することになります。兼業が認められるためのいずれにも該当することが求められています。

- 者の希望に基づき個別の申込みがある場合を除いて、同じ者について派遣の登録と求職の申込みの受付を重複して行なわず、相互に入れ換えないこと
- の依頼者または求人者の希望に基づく個別の申込みがある場合を除いて、派遣の依頼と求人の申込みを重複して行なわず、かつ相互に入れ換えないこと
- 労働者と求職者に関する個人情報が別個に作成され、別個にされること
- の依頼者と求人者に関する情報が別個に管理されること
- の登録のみをしている派遣労働者に職業紹介を行なわず、かつ求職の申込みのみをしている求職者に派遣を行なわないこと
- の依頼のみを行なっている者に職業紹介を行なわず、かつ、の申込みのみをしている求人者に派遣を行なわないこと
- 予定派遣を行なう場合を除いて、求職者に対して職業紹介する手段として派遣をするものではないこと

紹介予定派遣の場合においては、労働者派遣契約書（個別契約遣労働者への就業条件明示書、派遣元管理台帳および派遣先管理所定の欄に、紹介予定派遣に関する事項を記載しなければなりま

元は、紹介予定派遣として派遣労働者を雇い入れる場合は、その遣労働者に明示しなければならず、また、すでに派遣元に雇い入る労働者を新たに紹介予定派遣の対象とする場合は、その旨をそ者に明示し、同意を得ることが必要です。

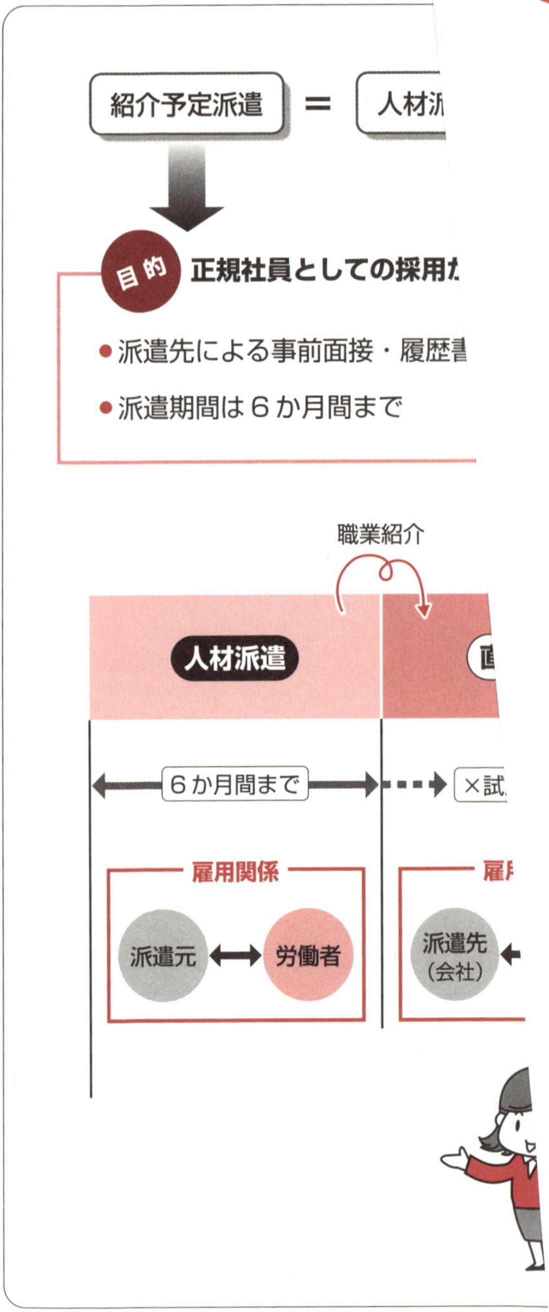

Section 8-2

★同じ者に

有料職業

　紹介予定
介事業の許
には、以下

① 労働者
　につい
　かつ、
② 派遣の
　合を防
　つ、
③ 派遣
　管理
④ 派遣
⑤ 派遣
　つ、
⑥ 派遣
　求人
⑦ 紹介
　る手

　また、
書)、派
台帳の
せん。
　派遣
旨を派
れてい
の労働

◎紹介予定派遣

紹介予定派遣 ＝ 人材派

目的 正規社員としての採用

- 派遣先による事前面接・履歴書
- 派遣期間は6か月間まで

職業紹介

| 人材派遣 | | 直 |

←6か月間まで→ ‥‥→ ×試

雇用関係　　　　雇

派遣元 ⇔ 労働者　　派遣先（会社）

◎紹介予定派遣のルール◎

紹介予定派遣に関する事項の定め

- 労働者派遣契約書（個別契約書）
- 就業条件明示書
- 派遣元管理台帳・派遣先管理台帳

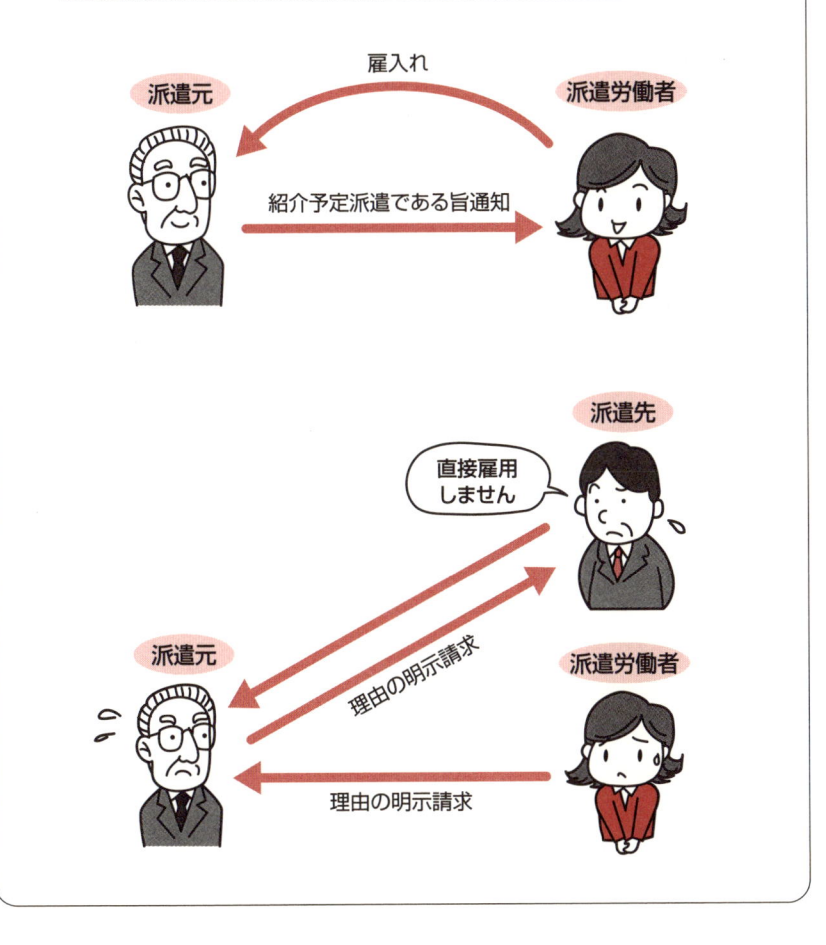

派遣元 ← 雇入れ → 派遣労働者
紹介予定派遣である旨通知

派遣先「直接雇用しません」
派遣元 ← 理由の明示請求 ― 派遣先
派遣元 ← 理由の明示請求 ― 派遣労働者

Section 8-3 紹介予定派遣を行なう際の留意事項

★一般労働者派遣事業と職業紹介事業、両方の許可が必要です。

派遣元責任者と職業紹介責任者は兼務してもよい

　実際に、紹介予定派遣事業を行なうためには、**一般労働者派遣事業および職業紹介事業の両方の許可**が必要になります。

　財産的基礎要件としては、一般労働者派遣事業では、基準資産額が少なくとも1,000万円以上、現金・預金の額が800万円以上必要となります。一方の有料職業紹介事業では、基準試算額が少なくとも500万円以上、現金・預金の額が150万円以上となっています。しかし、紹介予定派遣を行なう際には、両者を合算する必要はなく、許可基準のハードルが高い一般労働者派遣事業の許可要件を満たしてさえいれば事足ります。

　事務所の要件についても同様に、使用する事務所が20㎡以上あればよく、両者の要件を合算して40㎡以上まで必要とするものではありません。

　また、派遣元責任者と職業紹介責任者を同一の者が兼務してもよいことになっています。しかし、派遣労働者や求人・求職者の管理など業務量が非常に多くなり、個人情報の適正管理などに支障をきたすことも危惧されますので、別々に選任したほうがよりベターでしょう。

労働者派遣契約を結ぶ際の注意点

　次に、派遣先会社と「労働者派遣契約」を結ぶことになりますが、その際、個別契約において紹介予定派遣に関する事項について明記するとともに、実際に派遣する労働者に対して、今回の労働者派遣契約が紹介予定派遣である旨を「**就業条件明示書**」でしっかりと**通知**します。

　派遣労働者として派遣される期間においては、派遣元は派遣元管理台帳に、派遣先は派遣先管理台帳に、それぞれ紹介予定派遣に関する事項を記入し、就業の状況を管理していくことになります。

　労働者派遣期間が満了した際には、派遣元は有料職業紹介事業としての業務に転換して、派遣していた労働者は派遣先で直接雇用することとなります。

　なお、この紹介予定派遣としての労働者派遣期間は6か月以内で定めるものとされていますが、派遣労働者、派遣元、派遣先の三者が合意し

◎紹介予定派遣が可能となる条件◎

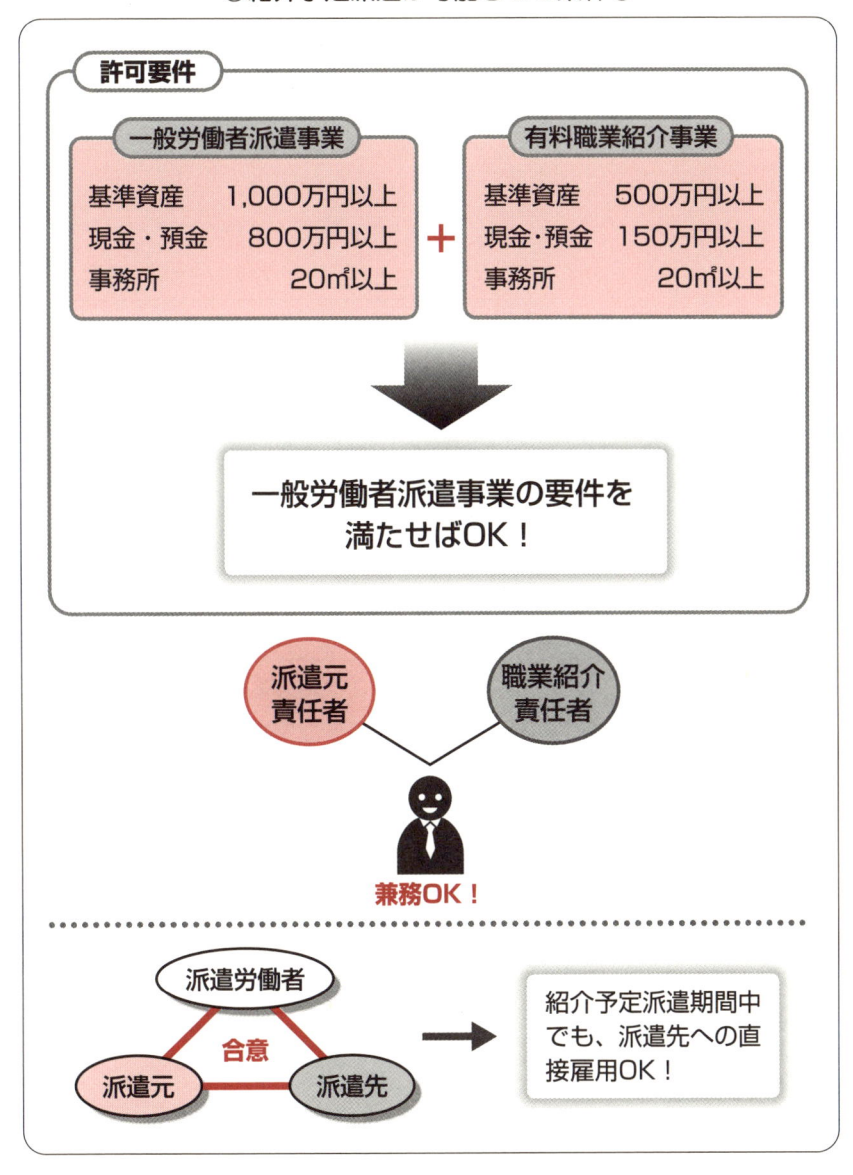

許可要件

一般労働者派遣事業
- 基準資産　1,000万円以上
- 現金・預金　800万円以上
- 事務所　20㎡以上

＋

有料職業紹介事業
- 基準資産　500万円以上
- 現金・預金　150万円以上
- 事務所　20㎡以上

⬇

一般労働者派遣事業の要件を満たせばOK！

派遣元責任者　―　職業紹介責任者

兼務OK！

派遣労働者・派遣元・派遣先の合意 → 紹介予定派遣期間中でも、派遣先への直接雇用OK！

た場合には、労働者派遣事業としての期間中であったとしても、中途で労働者派遣契約を打ち切り、派遣先に対して職業紹介することも可能です。

COLUMN

● 問題山積の「日雇い派遣」●

　「日雇い派遣」とは、派遣元会社に登録された派遣労働者が、電話やメールで指示を受け、1日だけの派遣契約で職場に派遣される働き方をいいます。
　労働者派遣法は、成立当時は派遣対象を専門的業務に限定していましたが、平成11年の法改正で原則として自由化されて、日雇い派遣市場は急激に拡大してきました。

　しかし、日雇い派遣として働く派遣労働者は、低収入で不安定な働き方を余儀なくされ、「ワーキングプア」(働く貧困層)の温床との社会的批判が根強くあります。
　こうしたことから、厚生労働省の労働政策審議会の部会では、日雇い派遣の規制に向けて労働者派遣法の改正を論議していますが、日雇い派遣自体の原則禁止を求める労働側と、継続を主張する経営側が対立しているのが現状です。
　厚生労働省では、日雇い派遣について、労働時間や賃金などの労働条件を労働者に書面で示すことや、派遣料金の公開を派遣元に求める指針を出す一方、識者の研究会で派遣のあり方を検討しています。

　そのような折、厚生労働大臣が日雇い派遣を原則禁止する方向性を明らかにし、平成20年秋の臨時国会に労働者派遣法の改正案を提出する意向を示しました。
　これは、すべての日雇い派遣を禁止するものではなく、通訳などのように必要に応じて派遣される専門業務については引き続き1日単位での派遣を認める方針で、物の製造業務、運送業務、倉庫業務など労働災害の発生リスクの高い業務が禁止される模様です。
　ただ一方では、日雇い派遣を原則禁止にしてしまうと、かえって仕事を失う人たちが増加してしまうのではないか、と指摘する声もあります。
　今後の法改正動向には注目していく必要があるでしょう。

佐藤 広一（さとう　ひろかず）

さとう社会保険労務士事務所代表。1968年東京都出身、明治学院大学経済学部卒業、特定社会保険労務士。谷口労務管理事務所に9年間在籍し、多くのクライアントに対して就業規則、人事・労務相談に携わり実務経験を積んだ後、2000年にさとう社会保険労務士事務所を開設。「リスクマネジメントとコストセーブ」をコンセプトに、持ち前のフットワークを活かして積極的にコンサルティング活動を展開中。新聞、ビジネス雑誌への連載、寄稿多数。上場企業、出版社等主催のセミナー講師としても活躍中。著書に、『図解でハッキリわかる給与計算事務』『図解でハッキリわかる社会保険事務』『図解でハッキリわかる労働法の実務』（以上、日本実業出版社）、『そのサービス残業は違反です！』（中経出版）などがある。
URL　http://www.officesato.jp

図解でハッキリわかる人材派遣の実務
2008年7月10日　初版発行

著　者　佐藤広一　©H.Satou 2008
発行者　上林健一
発行所　株式会社日本実業出版社　東京都文京区本郷3-2-12　〒113-0033
　　　　　　　　　　　　　　　　大阪市北区西天満6-8-1　〒530-0047
　　　　編集部　☎03-3814-5651
　　　　営業部　☎03-3814-5161　振替　00170-1-25349
　　　　　　　　　　　　　　　　http://www.njg.co.jp/
　　　　　　　　　　　　　　　印刷／堀内印刷　製本／若林製本

この本の内容についてのお問合せは、書面かFAX（03-3818-2723）にてお願い致します。
落丁・乱丁本は、送料小社負担にて、お取り替え致します。

ISBN 978-4-534-04410-5　Printed in JAPAN

読みやすくて・わかりやすい日本実業出版社の実務書

下記の価格は消費税（5%）を含む金額です。

図解でハッキリわかる 労働法の実務

佐藤広一
定価 1575円（税込）

労働基準法の基礎知識から労働契約法のしくみまで、あらゆる労働法の実務ポイントを1項目＝見開き2頁の見やすい構成でわかりやすく解説。書式のつくり方や就業規則への記載のしかたもわかる。

図解でハッキリわかる 社会保険事務

佐藤広一
定価 1470円（税込）

毎月の保険料徴収事務から給付手続きまで、誰に聞かなくても、スムーズに事務がこなせるようになる本。1項目＝見開き2頁だから、知りたいことがスグに引けて、困ったときにも即・役に立つ！

図解でハッキリわかる 給与計算事務

佐藤広一
定価 1470円（税込）

給与明細書の支給項目、控除項目、勤怠項目にもとづいて、給与計算のしくみと事務のすすめ方を1項目＝見開き2頁でやさしく解説。初めての人でも給与計算事務がスムーズにできるようになる本！

パート・派遣・契約社員の実務がなんでもできる本

社会保険労務士法人
坂井事務所
定価 1680円（税込）

採用のしかたから、給与計算・源泉徴収事務、社会保険・労働保険の徴収・届出事務、退職の際の手続きまで、非正社員に関するあらゆる実務のポイントやコツが初めての担当者でも、スラスラわかる。

定価変更の場合はご了承ください。

な

二次健康診断等給付	132	任意的記載事項	112
二重派遣	30	年次有給休暇	106
日数限定業務	38	年次有給休暇の付与日数	107

は

派遣受入期間	36	派遣労働者通知書	73
派遣契約	82	日雇特例被保険者	136
派遣契約の中途解除	84	日雇い派遣	18、136
はけんけんぽ	120	日雇派遣指針	18
派遣先	10	日雇労働被保険者	136
派遣先が講ずべき措置	66	複合業務	38
派遣先管理台帳	76	変形労働時間制	102
派遣先責任者	74	法定休日	100
派遣元	10	法定労働時間	100
派遣元管理台帳	70	法内残業	104
派遣元責任者	68、92		

ま

毎月1回以上払いの原則	122	専ら派遣	28
無料職業紹介事業	20、168		

や

役員の履歴書	176	有料職業紹介事業許可有効期間更新申請書	189
有給休暇	106		
有償双務契約	96、98	有料職業紹介事業計画書	176
有料職業紹介事業	20、168	有料職業紹介事業報告書	186
有料職業紹介事業許可申請書	176		